令和

90分でわかる!

墓じまい・改葬ハンドブック

お墓コンサルタント
大橋理宏 監修
主婦の友社 編

新 90分でわかる!ハンドブック

はじめに

後悔のない改葬・墓じまいのために

みなさんにとってお墓とは、どんなもの、どんな場所でしょうか?

「人の骨が埋められていて、その上に石がのっているもの」というシンプルな答えの方は、ほとんどいないのではないかと思います。

亡き人との思い出をよみがえらせ、喜ばしいことがあれば報告し、悲しいことがあれば聞いてもらう。多くの人にとってお墓とは、故人、そして自分の心と「向き合う場所」であるはずです。

また、人にはそれぞれに生きてきた道があり、いろいろな縁や絆をもっています。それは故人とて同じこと。友がいて、仲間がいて、お墓は彼らにとっても故人と向き合う場所です。

だからこそ、本来お墓とは、「開かれたもの」であることが理想でした。誰もが訪れて手を触れ、声をかけることができるようにと、お墓は野外にあったのです。そして、言葉や文字を刻み、野外にあって朽ちないものとして、古くから石が墓標に選ばれてきたのです。

今、社会はさまざまに変容し、昔からの慣習や価値観をもち続けることは難しくなりました。お墓を継ぐ人に欠くようになり、必ずしも「石碑をもつ野外のお墓」を選ばなくなっていることは、時代の流れとして当然のことなのかもしれません。

しかし、どうぞ、改葬や墓じまいは急がないでください。

よく、「子に迷惑をかける」「負担になる」という理由で、改葬や墓じまいを選ぶ人がいるのですが、私は、これは「行きすぎた終活」の弊害だと考えます。ご自分が産み育ててきた子に、老後や死後にちょっとだけ頼ることは、果たして「迷惑」なのでしょうか？

そこのところをじっくりと考えてみませんか。必要なら、それから行動を起こしても遅くありません。

仕事柄、私は多くの相談を受けますが、ひとりで悩みを抱え込み、家族になんの相談もしないまま、あせって墓じまいをする人のなんと多いことか。また、墓じまいを急いでしまい、あとからふと、「自分だけが親や先祖のそばで眠ることができないのか……」と気づき、がく然とする人のなんと多いことか。

ゆっくり、慎重に、でいいのです。

本書では、改葬や墓じまいの必要性を考えるところから、引っ越し先のお墓を選ぶポイントまで、じっくりと改葬や墓じまいを進めるためのガイドを心がけました。どうぞ、家族や親戚とたっぷり話し合い、納得のいく改葬・墓じまいとなるよう、本書を役立てていただければ幸いです。


お墓コンサルタント／石材店経営者　大橋理宏

もくじ

2章 望むお墓の形はどれ？ ～お墓の基礎知識～

3章 お墓の引っ越し「改葬」

4章 お墓の片づけ「墓じまい」

5章 トラブル例と解決法Q＆A

コラム

本書の表記について

本書では「墓じまい」と「改葬」という用語について、下記のように定義して用いることとします。

●墓じまい

遺骨を取り出して墓石を撤去、お墓を片づけること。遺骨は、永代供養の合葬墓や散骨など、固有のお墓をもたない方法で葬り直す。

●改葬

一度お墓に葬った遺骨を取り出して引っ越しさせ、別の固有のお墓へ葬り直すこと。

また、「墓地、埋葬等に関する法律（＝墓埋法）」においては、埋葬・埋蔵・収蔵という用語を厳密な区別をもって使い分けています（埋葬＝死体や遺骨を土中に埋めること、埋蔵＝焼骨を土中に埋めること、収蔵＝焼骨を納骨堂などに収めること）。しかし、本書での使い方は、必ずしもその限りではありません。文脈と読みやすさを重視した表現をとっています。

1
章

今のお墓をどうにかしたいなら

継ぐ人がいない、家族に負担をかけたくないなど
お墓の悩みの代表例をあげてみました。
近いケースのものを見つけて、大筋での解決策をさぐってみましょう。

お墓の形は変わりつつある

●お墓の変化は、日本の変化

ご存じのように、戦後、日本人の生活様式は大きく様変わりしました。

高度経済成長のもと、故郷を離れて都会へ出ていく人がふえて核家族化が加速すると、お墓が足りないという現象が起こりました。郊外型の大規模な霊園が次々と開発され、人々がこぞって墓所を買い求めたのは、そんな時代です。

しばらく経つと、思ったよりもアクセスが大変な郊外型霊園は「近くて遠い」存在となり、今度は都市部に壮麗なビル型の納骨堂が建つようにもなりました。

そうかと思うと、その後、リーマン・ショックを皮切りに長い不況時代へと入ったことや、東日本大震災以降、終活ブームが起きたことで価値観やニーズがどんどん細分化し、お墓も次々に新しい形・あり方のものが生まれていきました。

樹木葬や散骨、極端な例では「お墓はいらない」と言う人もいるほど、今、お墓の多様化は進んでいます。

●変わる意識と、変わらない思い

少子高齢化が進むなか、日本の人口は

価値観とニーズが細分化するのにともなって お墓のあり方や形も変化している。 自分が「どんなお墓を求めているのか?」が重要に。

大きく減少傾向にあります。お墓の担い手が減る一方であることは確かです。

自分につながる縁であるご先祖は大切にしたいし、供養もしてあげたい。しかし、「先祖代々のお墓」という存在は重い――そう感じている人は少なくありません。それが、「いつかお墓を片づけなければ」という意識につながっています。

ただし、お墓をもち、死後はそこで安らかな眠りにつきたいという気持ちまでもが、私たちの心から消え去っているわけではありません。だからこそ、お墓を継ぐ人がいないことに頭を痛めながらも、すっぱりと片づけることができずに悩んでいる人が多いのでしょう。


1章では、改葬や墓じまいの具体的な進め方に触れる前に、まず、お墓にまつわるさまざまな悩みの例を見てみましょう。お墓の悩みもまた、一様ではないことが透けて見えます。

お墓の悩み　その①

遠くにある先祖代々のお墓をどうする？

先祖代々のお墓は、遠く離れた夫の故郷に。両親が亡くなってからは年に1回、夫がひとりでお墓参りに行くのがやっとです。片道6時間かかり、交通費もばかになりません。私たち夫婦も60代後半。東北出身の夫は長男ですが、大学進学で東京に出てきてから、そのままこちらで就職・結婚しました。夫の実家のお墓は、故郷の菩提寺に先祖代々のお墓としてあります。

夫の両親の遺骨は迷わず先祖代々のお墓に収めましたが、私たちはどうしようかと悩んでいます。故郷に帰ることが体力的にも経済的にもつらい年代になりました。仮に夫が先に亡くなり、故郷のお墓に納骨したら、私にはお墓参りに行く自信がありません。

故郷のお墓を整理しようかとも思いま

すが、「お骨を移すのにはかなり費用がかかる」とお寺から言われたこと、また、東京のお墓は高くて数百万円単位のお金がかかると聞き、二の足を踏んでいます。果たして、大切な老後の資金をお墓に費やしていいものか……。お金のことだけでなく、夫は故郷の菩提寺と縁を切ってしまうことにも抵抗があるようで、なかなか具体的な行動に移せません。

何もしないまま夫も私も亡くなって、故郷のお墓に入ることになったら、のちに子どもたちが同じことで悩むようになるのは明らかです。そんな負担をかけるわけにはいきません。それに、子にお墓を移す財力がなければ、無縁墓になってしまうかもしれないことも心配です。

都市部では、就職などで故郷を離れての暮らしが長くなり、地元にある先祖代々のお墓をどうするのか、悩んでいる人が少なくありません。子どもが小さいうちは頻繁に帰省していても、子どもが成長し、故郷にいる親が亡くなってしまうと、帰省する回数も減ってしまいがち。積極的に故郷との縁を切りたいわけではないものの、体力的にも経済的にも、代々のお墓を守ることが難しくなっていきます。

お墓の悩み　その②

お墓を継ぐ人がいない

2人姉妹の姉と私は、どちらも結婚して家を出てしまったので、実家のお墓を継ぐ人がいません。高齢の母が亡くなったあと、お墓をどうしたらいいかに頭を悩ませています。他家に嫁いだ人間でもお墓を継ぐことができるなら、受け継いでもいいかと思っていますが、わが家も子どもは娘だけなので、結局は娘たちも同じ心配を抱えることになるのだと思うと、気が重くなるばかりです。

姉も私も他家に嫁いだ身なので、実家のお墓を継ぐ人がいません。夫は次男でいわゆる「先祖代々の墓」はないので、姉さえよければ私が実家のお墓を継いでもいいのですが、そんなことはできるのでしょうか？

85歳とはいえ、まだ元気な母には、お墓の話をなかなか切り出すことができません。

加えてわが家も、子は娘2人。私が実家のお墓を継ぎ、母と私たち夫婦が入ることで一旦は解決するかもしれませんが、ゆくゆくは同じ問題で娘たちを悩ませるのだとしたら、本当の解決にはならないと感じています。


日本の慣習では、代々継いでいくものとされてきたお墓。長男がいれば長男が、いなければ入り婿が家を継ぎ、同時にお墓も継ぐことがふつうでした。

しかし、今は子どもの数が少なくなり、一人っ子同士の結婚も珍しくありません。結婚をして姓が変わってもお墓を継ぐこと自体にはなんの問題もありませんが、仮に一人っ子同士の夫婦がともにお墓を継ぐとなると、一家で2つのお墓の面倒を見なければならなくなってしまい、大きな負担です。

「お墓を継ぐ人がいない」という問題は、今の日本社会全体が抱える問題なのです。

お墓の悩み　その③

夫の実家のお墓に入りたくない

夫の母にさんざんいじめられ、最後は介護で苦労したのに、ひと言も感謝の言葉をかけてもらえませんでした。そんな義母が入っている夫の家のお墓に、私は絶対に入りたくありません。

もともと気性の激しい人だったこともあり、言いたい放題、したい放題で生きた義母。ずいぶんといじめられ、悔しい思いもしましたが、「忍」の一字でこらえました。

ところが晩年、介護が必要になってからも苦労のしどおし。認知症のうえに寝たきりになり、気の休まることはありませんでした。

そんな義母、そして、それを黙って見ているだけだった夫とは、絶対に一緒のお墓に入りたくありません。散骨でも樹木葬でもかまいません。ちょっとだけ遺骨を残して海にまいてもらい、残りは小さな骨壷にでも入れて自宅に置き、子どもたちには気の向いたときに手を合わせてもらえれば十分です。

まだ夫には話していませんが、私の決意はゆるぎません。エンディングノートに書いておくつもりです。

以前の日本では長男がお墓を継ぐのが当たり前だったように、結婚した女性は、婚家のお墓に入るものと考えられてきました。ですが、この「当たり前」がもはや当たり前ではない時代になりつつあります。

夫の両親もご先祖も、自分とは血のつながりのない人たち。「見も知らぬご先祖たちに囲まれて、死後、自分がお墓の中に眠るところが想像できない」と言うある女性は、両親が眠る実家のお墓に入りたいと願っています。

あるいは、生前、あまりしっくりいってなかった夫の親と、死んでまで一緒にいたくないと願う女性もいれば、夫とは離婚こそしないで今日まで来たけれど、死んだあとくらい自由になりたいと願う女性もいます。

ここのところの終活ブームで、自分の死後の「自立」を願い、生きているうちに、夫とは別の自分だけのお墓を用意しておく女性も珍しくなくなってきました。

お墓の悩み　その④

先祖代々のお墓の整理に、親戚が猛反対

年をとってきて、だんだんと体力的、経済的に、故郷へのお墓参りがしんどくなってきました。故郷のお寺にある先祖代々のお墓を自宅近くに移そうと、夫婦で決めたものの、これまでお墓を守ってくれていた弟に大反対されました。故郷の親戚たちもやはり改葬には反対で、話が一向に進みません。

私は長男です。大学に進学する際に上京して以来、弟が故郷で墓守をつとめてくれています。お寺との日ごろのつきあいも、弟が一手に引き受けてくれています。しかし、お墓の名義は私です。

父母が亡くなってからしばらくは、比較的ひんぱんに帰省してお墓に参っていましたが、年金暮らしに突入し、お金の面でも体力的にも、しばしば里帰りをすることがかなわなくなってきました。

そこで夫婦で話し合い、お墓を私たちの家の近くに移すことに決めました。

ところが、故郷に根を下ろしている弟や親戚にそれを伝えると、一同が猛反対。ご先祖を軽んじるようなそんなことはできない、お寺とのつきあいを断つような不義理も断じてできないと、私たちの話に耳も傾けてくれません。

どうしたらいいものやら……。

故郷を離れてからが長くなった人と、ずっと故郷で暮らしている人とでは、先祖供養やお寺とのつきあいに関する意識の差が、ことのほか大きいようです。

故郷を離れた身には、なかなかお墓参りに行けないことが心苦しく、よかれと思って住まいの近くにお墓を移したいと考える。けれども、故郷に残る者にとっては、大切な親やきょうだい、ご先祖のお墓がなくなってしまうことは、とても受け入れがたいことなのでしょう。先祖をないがしろにする行為と捉えることもあるようです。

こうした思いの行き違いは多々あるもの。改葬をしたくても、故郷のきょうだいや親戚の了解が得られず、頓挫することはよくあります。

お墓の悩み　その⑤

おひとりさまはお墓をどうする？

40代で離婚しました。子どもはいません。お葬式やお墓については、生きているうちにちゃんと考えておかなければと思っていますが、お墓を建てるにもお金がかかります。実家のお墓に入れてもらうのか、数万円で入れると聞く永代供養墓にするのか、考え中です。

離婚して子どもがいない私にとって、お墓をどうするのかは切実な問題です。実家の父は「うちのお墓に入ればいい」と言ってくれていますが、父ももう90歳。父が亡くなったあと家のお墓を守ることになっている弟が、いいと言ってくれるかどうか……。

私の名字は結婚していたときのまま、旧姓に戻していないので、墓碑には両親や弟と別の姓で彫られることになるのにも、少し違和感があります。

また、弟が許してくれても、そのあと

を守るのは弟の子どもたちです。供養などで負担をかけるのも申し訳ないし、一方で、ちゃんと供養してもらえるのかという心配もあります。

永代供養墓に入ることも考えていますが、今ひとつ、どんなお墓なのかがわからず不安です。

ご存じのとおり、日本社会は非婚化・晩婚化が進んでいます。２０１５年の政府の人口統計によれば、50歳の時点で一度も結婚していない人の割合（生涯未婚率）は、男性が23・37％、女性が14・06％と、過去最高の数値になりました。男女ともに5％前後だった１９９０年から見ると、この25年間で大きく世相が変わったことがわかります。

また、横ばい傾向は続いているものの、離婚件数は毎年20万組以上。離婚したあとに再婚せず、独身で過ごす人も少なくありません。

おひとりさまの場合は、自分の葬儀をどうするか、遺産や遺品をどう後始末するかなどと同じく、自分のお墓についても生前に決めておかないとなりません。終活の大事なテーマのひとつです。

お墓の悩み　その⑥

いいと思って買った郊外のお墓が負担に

25年前、明るく広々とした都立霊園に実家の父のお墓を建てました。「都立」といっても、家から車で約2時間。最寄りの駅からも遠く、同じ東京なのに足が遠のきがちです。しかも、継ぐ人がいなくなるかもしれないことに、頭を悩ませています。

父は三男だったので継ぐお墓はなく、父が亡くなった25年前、母と兄と私（長女）で都立霊園にお墓を建てました。公営なので全体としては費用が安くすみ、みんな喜んでいました。

現在、母は85歳、兄は60歳。都内といってもだいぶ郊外にある霊園は、家から車で2時間以上、電車でも2時間近くかかり、しかも、駅から徒歩となると、とても行けない距離なのがネック。お墓参りに行くたびに疲労困憊して帰ってくるようなありさまです。

母はそのお墓に入るつもりでいるようですが、娘としては、もっと近くてお参りしやすいところにお墓を移したいと、切実に思っています。

というのも、私には子どもがおらず、兄には子がいるものの、娘2人。その2人も独身生活を謳歌していて、どうも結婚は視野に入れてない様子。このままでは、お墓を継いでくれるかどうかあやしいものです。

兄にその心配を話すと、「継ぐ人がいなくなれば、合同のお墓（無縁塚）にまとめてくれるんだろう？」と、あまり真剣に考えていないようです……。

都市部、特に東京では、人口に比べて墓地の数が圧倒的に少なく、しかも高額ということで、郊外や近県に広く明るい公園墓地が次々と造られた時代がありました。駅からは遠いけれども、車でならそこそこアクセスもよい。そんな公園墓地は、緑に囲まれた景観のよさもひとつの売りでした。

しかし、時は経ち、アクセスに苦労する郊外のお墓が、年齢を重ねた家族に重荷になる時代がやってきました。よく考えてお墓を買ったつもりが、なかなかお参りできない「近くて遠いお墓」に……。

「無縁墓」にしないために

●お墓や先祖を「無縁」にしたくない

ここまで、お墓にまつわる悩みや心配事の例を見てきましたが、あなたの抱える悩みや不安と似たようなケースはありましたか？　家族構成や経済事情、お墓の状態などによって、抱える状況は千差万別。「まったく同じ」例にはそうそう出合えなかったことでしょう。

ただ、多くの人に共通するのは、「なかなかお墓参りに行けなくて、親やご先祖に申し訳ない」という思いではないでしょうか。そして、「親やご先祖が眠るお墓、自分が入るかもしれないお墓を無縁墓にだけはしたくない」という気持ちが強く根底にあるからこそ、お墓の行く末について誰もが悩むのでしょう。

●金の切れ目は供養の切れ目？

無縁仏とは、供養する人のいない故人のこと。昔は、行き倒れや身元不明のまま死んだ人は無縁仏として葬られたことから、あまりいいイメージをもたれていません。そのため、無縁墓にするのだけは避けたいと願う人が多いのでしょう。

なんらかの理由で誰もお墓を継がなか

悩みの根底にあるのは、先祖を大切に思う気持ちと無縁墓、無縁仏になるのを避けたい気持ち。「供養のしかた＝お墓のあり方」と考える。

ったり、継いだものの年間管理料を何年も納めずに放っておいたりすると、お墓はいずれ無縁墓とされます。そして、墓地・霊園によっては、撤去され、さら地にされる可能性があります。

「お金を出して買った墓所に、そんなことができるものか」と思うかもしれませんが、そこには大きな誤解があります。墓所はたとえ購入しても、あくまで使用権を得ただけ。土地は、管理しているお寺や霊園の所有物です。つまり、墓所は「借りている」にすぎません。

もし、ご先祖に対して申し訳ないと思うのであれば、無縁墓にさせない方法を考える必要があります。

「お墓参りに行かない＝無縁墓」ではない

たとえ誰もお参りをしていない様子のお墓でも、年間管理料を納めてさえいれば、無縁墓とはなりません。年間管理料を10年分先払いしているなら、少なくとも10年は無縁墓にならないわけです。

対して、お墓を継ぐ人がいれば無縁墓にならないかというと、それもちがいます。たとえ承継者がいても、年間管理料を滞納していれば、無縁墓に。滞納年数は墓地・霊園の規定によって異なりますが、短いと1年というところもあります。

とはいえ、無縁墓と認定され、実際に撤去・さら地になるお墓は、都市部など立地のよい墓所に限られます。撤去・さら地にするには資金や労力がかかるためです。ほとんどの無縁墓は、訪れる人のないまま、荒れるにまかせて放置されているのが現状です。

「お墓はいらない」は○？ ×？

●お墓は故人と心で触れ合う場

ところで、なぜ私たちは、お墓のことでこんなに悩んだり、心配したりするのでしょうか。

「お墓は亡くなった人の遺骨を収める場所」と説明されたら、どう感じますか？

確かにまちがいではありませんが、ほとんどの人が、「いや、それだけではないはずだ」と感じることでしょう。

お墓参りに出かけたら、お墓をきれいにして、お線香をあげて、手を合わせる。きっと多くの人がそのときに、お墓に入っている親や家族に心の中で語りかけたり、何かを報告したりするのではないでしょうか。あるいは、先祖に対して、自分につながる縁に感謝をささげることもあるでしょう。

●「墓地」以外の場所に埋葬は不可

一方、最近では「0葬（ゼロ）」という新しい考え方もあります。葬儀を行わず、火葬場で荼毘（だび）に付したあと、遺骨を引き取らずに火葬場で処分してもらう方法です。

超高齢化や少子化が進み、無縁墓もふえそうなこれからの時代に合ったシンプル

お墓のあり方に、正解も不正解もない。ただし法律上、遺骨は「墓地以外の場所に埋めてはならない」と決められている。

な逝き方として、宗教学者の島田裕巳さんが提唱したものです（※ただし、遺骨の火葬場処分を頼める地域は限られています。遺骨の「部分引き取り」が通例となっている関西に比べ、「全骨引き取り」が基本の関東は特に顕著です）。

残された人に迷惑をかけないよう、お葬式もお墓もいらない。さらには遺骨もいらないという選択は、すっきりといさぎよいと感じる人もいるでしょう。

ただ、本人が「0葬」を希望したとしても、残された人はどうでしょうか。その場では「本人の意志だから」と納得したつもりでも、あとから、「やっぱりお墓を建てればよかった」と悔やむかもしれません。故人と心静かに向き合う、お墓という場所があってほしかったと残念に思うかもしれません。

結論をいうと、「お墓はいらない」という問いに正解も不正解もありません。ひとついえることは、遺骨は「墓地以外の場所に埋蔵してはならない」と法律（通称「墓埋法」）で決まっていることです。たとえ自宅の庭や私有地であっても、遺骨を埋めるのは違法。ただし、家に遺骨を安置する手元供養はかまいません。非公式ながら、海洋散骨も違法ではないとの解釈が示されています。

自分がどんなお墓を望むのか。章を追って考えていきましょう。

お墓の問題を整理し、自分の気持ちを確かめる

お墓をどうする？ フローチャート

お墓の問題は、継ぐ人がいる・いないととても大きな関わりがあります。また、お墓を片づけるかどうかは、自分や配偶者の入るお墓とセットで考えなければなりません。今あるお墓を当座しのぎで片づけるだけでは、本当の解決にならないからです。

自分がしなければならないのは、改葬か、それとも墓じまいか？ 今現在、自分が置かれている状況を整理し、自分自身の気持ちをフローチャートを通して確かめてみましょう。

Start

お墓を継いでくれそうな家族や親戚がいる

No

「きっと継いでくれるだろう」という期待だけでは、問題を先送りしているにすぎません。本人とじっくり話し合い、お墓を継ぐ意志を確認しましょう。

※フローチャートは一般的な問題を類型化して作成しています。必ずしも、すべての事情に当てはまるものではありません。

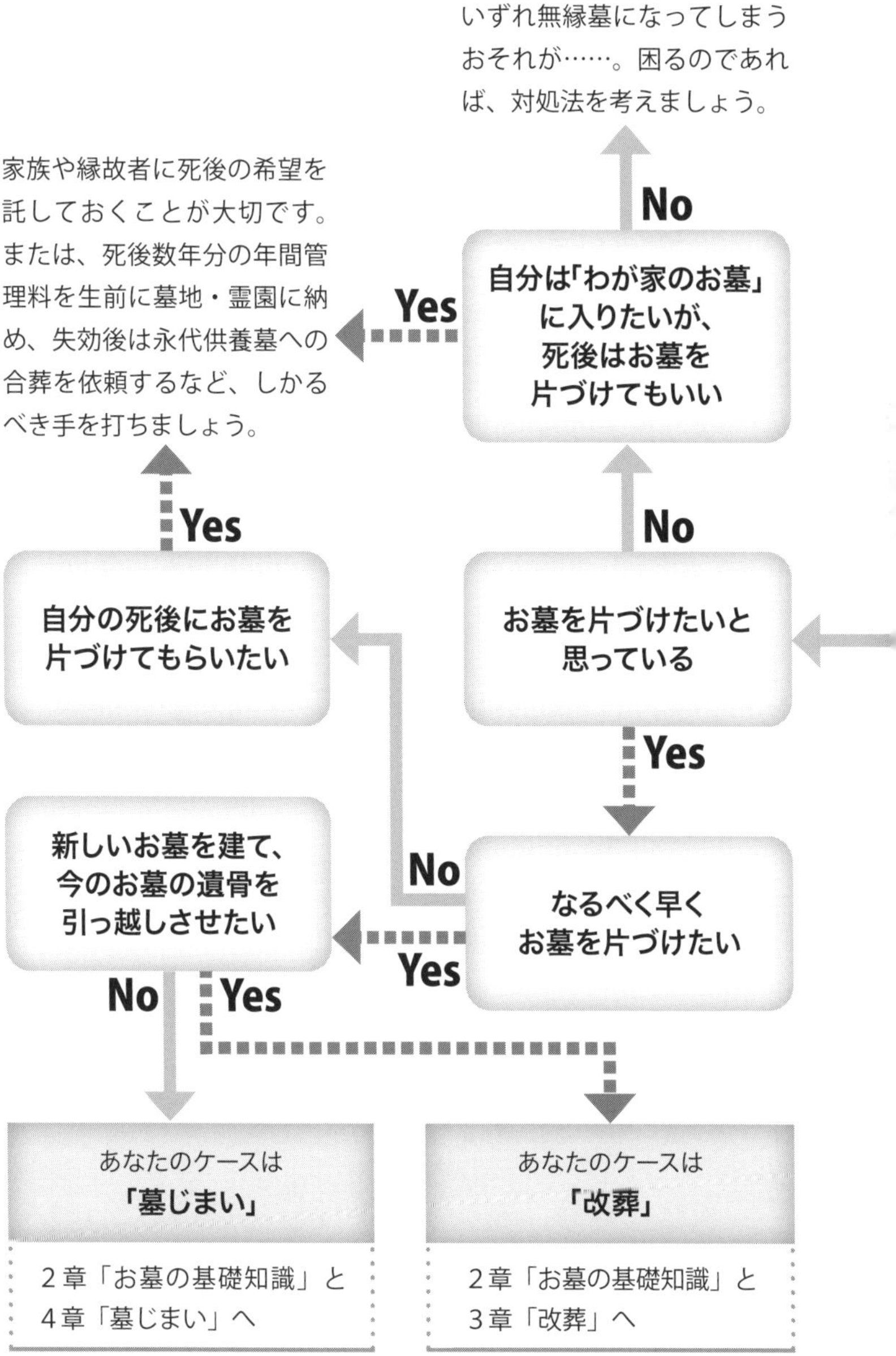

いずれ無縁墓になってしまうおそれが……。困るのであれば、対処法を考えましょう。

No

自分は「わが家のお墓」に入りたいが、死後はお墓を片づけてもいい

Yes

家族や縁故者に死後の希望を託しておくことが大切です。または、死後数年分の年間管理料を生前に墓地・霊園に納め、失効後は永代供養墓への合葬を依頼するなど、しかるべき手を打ちましょう。

No

お墓を片づけたいと思っている

Yes

自分の死後にお墓を片づけてもらいたい

Yes

なるべく早くお墓を片づけたい

No

Yes

新しいお墓を建て、今のお墓の遺骨を引っ越しさせたい

No

Yes

あなたのケースは
「墓じまい」

2章「お墓の基礎知識」と
4章「墓じまい」へ

あなたのケースは
「改葬」

2章「お墓の基礎知識」と
3章「改葬」へ

改葬、墓じまい、そして分骨

お墓の悩み、解決法は3つある

●なかには「分骨」で解決する場合も

前ページのフローチャートの結果はどうだったでしょうか？

「とりあえずは、お墓を継いでくれるかもしれない子どももいることだし、まずは本人と話し合ってみようか」……そんなふうに気持ちの整理がついた人もいるでしょう。対して何かしらお墓の始末をつけなければならない人にとって、解決法は大きく分けて3つあります。

1つ目は、お墓の引っ越し＝改葬。2つ目は、お墓を片づける＝墓じまい。そして3つ目が、お墓から遺骨の一部を取り分ける＝分骨です。

分骨は、今あるお墓はそのままにするということが前提の方法です。18ページの例のように、お墓を継いでいる（または、継いでくれそうな）きょうだいや親族が故郷にいて、自分がなかなかお参りできない現状を変えるだけでよい、といったケースが当てはまります。

お墓参りの負担や、お参りができないことへの心苦しさを、分骨し、住まいの近くで別の供養方法を探すことで解決し

自分のケースは、3つの解決法のどれに当てはまる？改葬や墓じまいをするなら、必ず将来自分が入るお墓のことも同時に考えて。

ます（132ページ参照）。

●問題を先送りしないために

どんな方法でお墓の問題を解決するにしろ、大切なのは、「自分のお墓をどうするか」を同時に考えるということです。親やご先祖のお墓をなんとかしたい気持ちはわかりますが、自分のことを先送りにしても、結局は何年か経って同じ問題が起こります。

自分が入るお墓のことまで考えて、そこで初めて、お墓問題はすっきり解決するといえるでしょう。

改葬や墓じまいの具体的な方法に入る前に、次の2章では、多様化する現代のお墓事情を解説するとともに、お墓全般の基礎知識をさらいます。

自分のお墓をどうするか検討するときや、親の遺骨の引っ越し先を探すときに役立ちます。

「宗旨・宗派不問」の意味を知っていますか?

墓地・霊園選びをしていると、宗教にまつわる注意事項が目につきます。それぞれに意味合いが異なるので、気をつけましょう。

●宗教不問

お墓を購入する人がどんな宗教を信仰していても、お墓をもつことができるという意味です。もちろん、信仰する宗教がなくてもかまいません。公営墓地や、多くの民営墓地がこれを掲げています。キリスト教や神道を信仰する場合は、宗教不問を掲げているところを選ぶといいでしょう。

●宗旨・宗派不問

上の「宗教不問」に比べると、かなり制約が高まります。なぜなら、「おおよそ仏教に限り、どんな宗門や宗派でもお墓をもつことができる」という意味だからです。

宗旨とは宗教の中心教義のことで、宗派とは、主に仏教に用いられ、教義や信仰対象のちがいから生じた分派や、歴史的ないきさつから生じた分派のことを指します。天台宗や浄土真宗など、仏教各派がそれにあたります。

平たくいえば、キリスト教や神道を信仰しているのでなければ、お墓を購入することができます。

●過去の宗旨・宗派不問

寺院墓地でよく見かける条件です。お墓を購入する前の宗旨や宗派は問わないが、「お墓を買う以上は改宗し、檀家になってもらいます」というニュアンスを含んでいます。そのお寺の宗派を信仰したくないのであれば、買うのは控えたほうが無難です。

いずれもパンフレットに書いてある言葉だけに頼らず、疑問があれば、細かいニュアンスを墓地・霊園に直接たずねましょう。

望むお墓の形はどれ？

～お墓の基礎知識～

お墓を整理したり、片づけたりするなら
今ある遺骨の「行き先」を考えなくてはなりません。
まずは、その行き先となるお墓のいろいろを知っておきましょう。

お墓探しを始めてしまう前に

「自分のお墓をどうする?」が初めの一歩

「自分のお墓」から考え始める

お墓に関する悩みは人それぞれでも、改葬なり、墓じまいなりを考えているなら、「自分のお墓」まで視野に入れて動くことが肝心です。「とりあえず……」の急場しのぎで進めてしまうと、子や孫も、いずれ同じような悩みを抱えることになるかもしれないからです。

また、改葬にしろ、墓じまいにしろ、今あるお墓に収められている遺骨の行き先は、必ず見つけなければなりません。自分もそこに一緒に眠るかどうか。当然、そんな選択にも影響します。

自分はどんなお墓に入りたいか。死後、子や孫にどんなふうに供養してほしいのか。考えていくうちに、自分の望むお墓の形は自ずと見えてきます。改葬も墓じまいも、実はここからスタートです。

「誰と?」「どんな供養?」がカギ

自分のお墓を考えるとき軸になるのは、「誰と入るか?」と「どんな供養を望むか?」という2つです。お墓というと、すぐ「どこに?」を考えたくなりますが、本質がぶれるので、むしろ後回し

改葬や墓じまいを考えているなら
まずは「自分のお墓」から考えることが大切。
解決法のヒントが隠れている。

にすべきです。

「誰と入るか？」には、さまざまな答えがあるでしょう。自分という存在の礎となったご先祖と眠りたい人、ひとりで静かに眠ることをよしとする人など、いろいろです。いつか子や孫が隣に来てくれることを楽しみに、ぜひとも家族で眠りたい人も、もちろんいるでしょう。

「どんな供養を望むか？」も、大切なポイント。お彼岸や命日のたびにお参りをして、しのんでほしいのか。特別な供養はいらないから、日々の中で思い出してくれればいいという考えなのか。

自分が望む形をイメージすることで、どんな形態のお墓を選ぶべきかや、立地などが明確になりやすくなります。

「自分のお墓」に関する希望

●「誰と」お墓に眠りたい？
- □ご先祖と
- □親と
- □配偶者、パートナーと
- □いずれ家族に囲まれて
- □ひとり気楽に
- □お墓はいらない
- □その他（　　　　　　）

●「どんな供養」を望む？
- □できるだけお墓参りや回忌法要をしてほしい
- □ある程度の回忌までは法要をしてほしい（　　回忌）
- □家族のそばに遺骨を置いて、日々しのんでほしい
- □命日などにときどき思い出してもらえればよい
- □「去る者は日々に疎し」、自分のことは忘れてもらってかまわない
- □供養は残された側の気持ち、家族にまかせる
- □その他（　　　　　　）

お墓を継いでくれる人はいますか？

●お墓は誰が継いでもいい

お墓には、「承継者がいることが前提」のものと「承継者が不要」のものと、大きく分けて2種類があります。本書では、前者を「承継タイプ」、後者を「永代供養タイプ」と呼ぶことにします。

詳しくは後述しますが、永代供養タイプの特徴は、お墓を継ぐ人、つまり供養を行う人がいなくても、寺院や霊園側が代わって供養してくれることです。

1章で、継ぐ人がいなくなると無縁墓・無縁仏になってしまう点に触れましたが、それはあくまで、継ぐ人が必要な承継タイプのお墓の場合に限られます。

また、端的にいえば、お墓は家族や親族の誰が承継しても原則的には問題ありません。役所への届け出も、特には必要ありません。

旧来は「家を継ぐ」といえば長男が当たり前で、したがってお墓も長男が承継することが慣習化していました。お墓を継ぐ人がいないという悩みは、そんな慣習からの思い込みによることも多いものです。

重要！ 法律上は、お墓は誰が継いでも問題ない。「長男が継ぐ」という昔の慣習にとらわれて選択肢を狭めていない？

●別姓の娘でも長男以外でも継げる

お墓は、嫁いで姓が変わった娘が継いでもかまいませんし、孫や親戚が承継してもかまいません。息子が2人いるなら、遠方に住んでいる長男でなく、地元で暮らす次男が承継してもいいのです。

それなのに、「わが家にはお墓を継ぐ人がいない」と最初から決めつけてはいませんか？　承継者問題に頭を悩ませる前に、家族や親族を広く見渡し、「継ぐにふさわしい人は本当にいないのか？」を考えてみましょう。

ただし、墓地・霊園によっては「三親等以内の親族に限る」など、承継者の範囲を限定しているところもあります。お墓によって条件が異なりますので、その点は覚えておきましょう。

では、誰でもお墓を継げるのに、なぜ承継者問題は起こるのでしょうか？

それには、「継がせたら、子に迷惑なのでは？」「負担や面倒をかけたくない」という、親世代のある種の思いやりが大きく関わっているのかもしれません。この点は、引き続き次ページで解説します。

「お墓を継ぐ」ということの意味

●「お墓＝負担」で押しつけ合い

法律では、お墓や仏壇など、先祖を祀るもののことを「祭祀財産」と呼んでいます。家系図や位牌、神棚なども祭祀財産に含まれ、原則的には祭祀財産はまとめて誰か1人が受け継ぎます。

その祭祀財産を継ぐことを「承継」といい、継ぐ人を「承継者」といいます。

あえて「相続」と呼ばず、「承継」とするのには理由があります。民法では、祭祀財産はいわゆる相続財産とは分けて考えられ、お墓参りや法事など、先祖の供養を行うべき人（＝祭祀主宰者）が受け継ぐものと規定されています。

ところが、この「祭祀財産は相続財産とは見なされない」という点がポイントで、たとえ数百万円の価値のあるお墓や仏壇を継いでも相続税は課されませんが、逆に、お墓を継いだからといって、「回忌法要などで出費がふえるのだから、多めに財産を相続したい」といった主張もできません。もちろん、相続人全員が納得すれば話は別ですが。

お墓を継ぎ、親や先祖を供養する立場

重要！

負担を背負うことになるのに、拒めない。
お墓のこうした側面が、「継がせたら子が迷惑かも」
という親心につながっている。

になるということは、同時にいろいろな負担を背負うことになります。墓地の年間管理料の支払いやお墓の手入れ、法要を営めばお布施の出費などもかかりますす。お寺の檀家になっているなら、行事参加や寄付などのつとめも加わります。

だからこそ、お墓には「継ぐと大変」「継がせたら迷惑かも」という思いがつきまとい、身内で押しつけ合うような事態ももち上がってくるのです。

●承継者選びは親が元気なうちに

承継者は、遺言で「○○に継がせる」と指定することができる一方で、指定された人は、基本的に拒むことができません。厳密には拒んでもかまわないのですが、「代わりの誰か」を親族で話し合って決めるか、それでも決着がつかない場合は家庭裁判所にもち越され、もつれればもつれるほど、しこりが残ります。

そうしたトラブルを避けるためには、やはり祭祀主宰者が元気なうちに、十分な話し合いのもと、次の承継者を決めておくことが重要になります。生きているあいだなら、もし、承継者側に快く引き受けられない事情があっても、解決策をさぐることが可能になります。たとえば経済的なことが理由なら、親は生前贈与や遺言で、お墓を継ぐ子に財産を多めに分与するような配慮ができます。

「お墓を買う＝所有権を得る」ではない

知っていますか？「永代使用」と「永代供養」

お墓は売ったり譲ったりできない

よく「お墓を買う」といいますが、お墓の場合、宅地のように、その土地の所有権を取得するのとは異なります。契約した区域を、「墓所として永代にわたって使う権利（＝永代使用権）を得る」ことを意味します。平たくいえば、墓地・霊園側の所有する土地を墓所として借りるわけです。

永代使用とは、（買った本人一代限りでなく）子孫などが代々引き継いで使用できることをいい、そのために支払う費用を「永代使用料」といいます。最初に大きな金額を払うので、あたかも買ったような気になるだけなのです。

あくまで「使用権」なので、第三者に売ったり譲ったりすることはできませんし、お墓を建てる以外の用途で使うこともできません。また、墓じまいで不要になった墓所を返すことになっても、支払った永代使用料は基本的に戻りません。ほとんどの墓地・霊園では、契約者（使用者）の費用負担で墓石を撤去し、墓所をさら地にして返還する規定になってい

買ったつもりでいても、墓所は「借りている」だけ。子孫まで代々使える「永代使用」と寺院などの続く限り供養される「永代供養」。

ることも、覚えておきましょう。

購入後は、毎年、管理料がかかります。管理料が一定期間納められないと、墓所の永代使用権が取り消されることもあり、その状態になったものが「無縁墓」です（24ページ参照）。

●2種類の「永代」のややこしさ

ただし、これらは、継ぐ人がいることが前提の「承継タイプ」のお墓に限った内容です。

承継者を必要としない「永代供養タイプ」のお墓は、少々事情が異なります。お金を払って得られるのが（所有権でなく）使用権であることまでは承継タイプと同じですが、こちらは家族や親族に代わって、お寺や墓地・霊園が責任をもって供養を行います。そのため承継者が不要なのです。お寺や墓地・霊園が続く限り供養するという意味合いから、永代供養と呼ばれます。

「永代使用」の場合の永代は、使用者の代が続く限りという意味。一方、「永代供養」の場合の永代は、寺院などの続く限りという意味。なかなかややこしいものがあります。

次ページ以降、承継タイプと永代供養タイプのお墓の種類のちがいを詳しく見ていきます。改葬先に選ぶお墓、自分が入るお墓はどちらがいいのか、選ぶときに役立てましょう。

多様化・細分化した現代のお墓

お墓の種類と、入手にかかるおおよその費用

※それぞれの名称は一般的な分類名です。墓地・霊園によって呼称は異なる場合があります。
※費用は各ジャンルのごく平均的なもので、承継タイプに関しては永代使用料や墓石代、設置工事費などを含む総額で記しています。
※お墓の形態の番号は、46ページからの番号に対応しています。

お墓の区分	お墓の形態	費用
承継タイプ（継ぐ人が必要）	①家墓（代々墓・累代墓・先祖墓）	100万〜350万円
	②両家墓	100万〜400万円
	⑥納骨堂　⑦室内墓所	※承継タイプは少数派
	⑧樹木葬墓	

種類	お墓の形	費用
	③単独墓　個人墓 夫婦墓 家墓（一代限り）	40万円〜（＋墓石費）
永代供養タイプ（継ぐ人が不要）	④合葬墓（共同墓・合祀墓）	10万円〜
	⑤集合墓	20万円〜
	⑥納骨堂　⑦室内墓所	15万〜150万円
	⑧樹木葬墓	20万〜100万円
その他（お墓という形をとらないとむらい方）	⑨散骨	5万〜30万円
	⑩手元供養	供養用品代のみ

お墓の区分：承継タイプと永代供養タイプ

「継ぐ人の要・不要」で2つに大別

●区分のちがいは承継者の要・不要

42〜43ページを見るとわかるように、お墓には「承継者の要・不要」によって2つの区分があります。継ぐ人がいることが前提なのが、承継タイプ。継ぐ人がいなくても入ることができるのが、永代供養タイプです。

承継タイプは、いわば「○○家之墓」「○家代々之墓」と墓石に刻まれているたぐいのお墓です。

永代使用料を最初に払い、墓地・霊園の区画を借り上げてお墓を建てたあとは、年間管理料を払ってお墓を維持していきます。権利者が亡くなったら、墓地・霊園へ届け出をすることで、次代（承継者）にその権利が引き継がれます。

●もともと仏教用語だった永代供養

一方の永代供養タイプは、そもそも承継者を必要としません。基本的には、さまざまな人の遺骨とともに合同スペースに葬られる「合葬」という方法がとられ、本来なら家族が法要を営んだり、お墓参りをしたりして供養するところを、寺院や墓地・霊園側が代わって行います。

子孫へ代々伝えられるお墓が「承継タイプ」。「永代供養タイプ」は合葬が基本だが多様化で、個別の納骨スペースをもつものも急増中。

多くの場合、「永代供養料」という1回きりの費用を払い、お墓に収められます。その後の年間管理料は、不要のところと、一定期間までは払わないとならないところがあります。

これは、ひと口に永代供養タイプといっても、ニーズに合わせてさまざまなスタイルに多様化しているためです。

近年需要が伸びているものを例にあげると、10年、33年など一定期間は合葬せず、個別のスペースに遺骨を収め、供養も個別に行われます。その個別期間を終えると合葬され、供養も合同になる……といった具合です。

承継と永代供養のミックスタイプと考えることもできなくありませんが、最終的には合葬されるので、本書ではこれらも永代供養タイプに分類します。

なお、「供養」とは、仏壇に手を合わせたり、読経やお供え物をしたりといった、亡くなった人に対して冥福を祈る行い全般を指します。もともとが仏教用語であることから、永代供養墓というと、従来は寺院墓地にある合葬墓のことを指していました。

しかし、核家族化や少子化が進んでお墓を継ぐ人に欠くようになった昨今は、承継者を必要としないタイプのお墓全般に、「永代供養」という呼び名が使われるようになっています。

お墓の形態①

家墓（代々墓・累代墓）

●子孫に代々受け継がれていくお墓

承継タイプのお墓の筆頭といえば、この「家墓」でしょう。お墓といったときに誰もがまっ先に思い浮かべる「○○家之墓」「○○家代々之墓」などと刻んであるものが、これにあたります。代々墓、累代墓などと呼ばれることもあります。

家族の遺骨を1つのカロート（納骨室）に収め、親から子、孫へと継いでいきます。骨壺に入れて納骨する地域では、カロートがいっぱいになると、遺骨を骨壺から出して袋などに収めてスペースを節

家墓のメリット・デメリット

メリット

●家族に囲まれて眠ることができる

デメリット

●承継者がいなくなると無縁墓に

●墓所の区画の大きさ、墓石の種類などによって幅はあるが、総じて建墓費用が高額になりやすい

承継タイプのお墓の代表例。子孫に代々伝えられていくものだけに継ぐ人のいることが前提に。

約したり、土の部分があるカロートなら、遺骨を古い順に土に埋め、自然に還したりしていきます。

家墓は古いものばかりともいえません。実家のお墓は従来長男が継ぐものとされていたため、長男以外の男きょうだいが独立し当主として建てた比較的新しめの家墓もあります。

無縁墓にしないためには、承継者がいることが重要になります。お墓を家墓に決めるときは、子どもとざっくばらんに話し合い、「お墓を継ぐ意志はあるか」を確かめておくほうがいいでしょう。

▲墓石には家名ばかりでなく、「南無阿弥陀仏」など宗派の題目や経文などが彫られる場合も。（写真提供：メモリアルアートの大野屋）

両家墓

●両家墓のニーズは高まっている

「両家墓」は、2つの家のお墓を1つにまとめ、ともに供養するお墓です。両家墓自体は以前からありましたが、承継者不足の現代において、その合理的なところが注目され、人気が高まっています。

長男と長女が結婚した場合や、一人っ子同士が結婚した場合などが想像しやすい例になりますが、たとえば長男が海外に移住し、次男と一人娘が結婚したようなケースもそうでしょう。

具体的にはどのようにまとめるかというと、一方の家のお墓にもう一方から遺骨を移してくる形もあれば、新たに購入した墓所に双方の遺骨を移してきて収める形もあります。

墓石の建て方もいろいろあります。1つの墓所にそれぞれの家の墓石を1つずつ、計2つ建てるスタイルや、1つの墓石に「○○家△△家之墓」と併記するスタイルなど。ただし、墓石を2つ建てる場合には、それなりに区画が広くないと対応できないので気をつけましょう。

あるいは、のちにその両家墓を継ぐ世

2つの家のお墓を1つにまとめる
合理的なお墓が両家墓。
ただし、双方で宗派などが異なると難しい場合も。

両家墓のメリット・デメリット

メリット

- 両家のお墓を一度にお参りできる
- お墓の維持にかかる費用が軽減

デメリット

- 一方のお墓、または双方のお墓で改葬手続きが必要
- 宗教や宗派がちがうと、改宗が求められたり宗旨・宗派不問の墓所を探す必要があったりする
- 親族の理解が得られにくい場合がある

代が同じ姓とは限らないので、家名を彫らず「先祖代々之墓」と刻むにとどめる、「南無阿弥陀仏」など宗派の題目や経文を刻む、「縁」「絆」などのシンボリックな言葉を刻むなどの例もあります。

複数のお墓を1つにまとめる場合には、改葬の手続き（3章参照）が欠かせません。どちらかのお墓にもう一方の遺骨を移す場合も同様です。

●それぞれの親族の同意がカギ

理想的にも感じられる両家墓ですが、特有の難しさもあります。

一度、両家墓を建ててしまうと、万が一、離婚などの局面になったときに、再びお墓の引っ越しをしなければならない

ことが、まずあげられます。

双方の親族がみな両家墓に納得してくれるかも、大事なポイントです。特に、実家のお墓が先祖代々のものだったりするときには、親族から反対される可能性も高くなります。

今あるお墓にそれぞれの両親が眠っているだけなら、さして問題はないでしょう。しかし、親のきょうだいやもっと古い先祖の遺骨が一緒に収められていれば、他家とお墓をまとめることに抵抗を感じる人も出てくるかもしれません。

2つの家のお墓をまとめるのですから、宗教や宗派のちがいも大きな壁になることがあります。信仰がちがうときは、慎重に進めたほうがいいでしょう。

特に片方のお墓をもう一方のお墓に移す場合に、残すほうのお墓が寺院墓地にあるときは注意が必要です。宗派がちがうと、新たに引っ越してくる側は改宗を求められるかもしれません。改宗したくない場合は、「宗旨・宗派不問」を掲げる民営墓地や公営墓地で、新たに両家墓を建てる道をさぐったほうが得策です（32ページ参照）。

なお、民営や公営の墓地・霊園でも、両家墓はＮＧとしているところもあるため、墓所を探すときには規定・規約を確かめることも大切です。

◀墓標となる竿石に2つの家名を刻んだタイプの両家墓。石材の量をコンパクトにできる。（写真提供：大橋石材店）

▲1つの区画に両家の墓石を並べた例。広めの区画は必要になるものの、それぞれの好みが反映されやすい。（写真提供：大橋石材店）

永代供養・単独墓（個人墓、夫婦墓）

●細分化が生んだ新型永代供養墓

承継者がいらない永代供養タイプのお墓は、子どものいない夫婦やひとり身の人に多く利用されてきました。しかし近年、子どもはいるけれど、死後に負担をかけたくないという人があえて選んだり、子どもが海外に永住した、子どもと信仰が異なるなどの理由で選んだりするケースがふえ、永代供養タイプのニーズは年々高まっています。

永代供養の大きな特徴は、ここまで述べてきたように、墓地・霊園側が供養の面倒を見るため承継者がいらないという点があげられますが、もうひとつ、「合葬」という形式もあげられます。

合葬は、血縁を超えてお墓に入ること――平たくいえば、見ず知らずの他人の遺骨とともにお墓に収められることです。一体一体を骨壺に入れたうえで合同のスペースに収めるところもあれば、袋に入れて、あるいは遺骨そのままの状態で収めるところもあり、方法はさまざまですが、合葬とはそういうことです。

ひとたび合葬されると、個々の遺骨の

初めから合葬されずに、一定の期間は個別に埋蔵・供養される、現代型の永代供養墓。墓石も個別に建てられることが多く、人気に。

区別がつかなくなるため、「やはり一般的なお墓に入れたい」とあとから思い直しても、遺骨は戻ってきません。

●「合葬」を先送りにするスタイル

ところが、そんな永代供養墓も、時代の変化やニーズの高まりとともに細分化が進んでいます。

合葬について、「粗末に扱われているようで抵抗がある」「他人と合同のお墓に手を合わせても、お参りした気がしない」などのように感じる人は、単独墓（個人墓、夫婦墓）を検討するといいでしょう。

単独墓は、永代供養タイプの一種ながら、亡くなってから一定期間は個別のスペースに遺骨が収められ、供養も個別に行われることで、しばらくは一般的なお墓と同じ感覚で使うことができます。その後、一定期間が過ぎると、墓地・霊園の管理者によって合葬墓に移され、以降は合同で供養するというものです。

その「一定期間」をどのくらいとるかは墓地・霊園によって異なり、短いところは1〜3年、長いと13回忌、33回忌までというところもあります。

単独墓を検討するときは、どのくらいの期間、いち個人として供養されたいかということを考える必要があります。

●夫婦で入れる「夫婦墓」も

単独墓のうち、いわゆる個人の名前で

永代供養・単独墓のメリット・デメリット

メリット

- 死後の供養の心配がいらない
- 一定期間は個別に埋蔵されるため、お参りの対象がぼやけない
- 寺院にあるお墓でも、檀家にならなくていいところがある

デメリット

- 一旦合葬されると、遺骨は取り戻せない
- 永代供養タイプのなかでは、比較的費用が高い
- 生前購入が原則のところは、墓じまいなど、すでにある遺骨の埋蔵先には向かない
- 檀家にならない代わり、寺院によってはお葬式をあげてもらえないことも

収まるのが「個人墓」で、夫婦単位で収まるのが「夫婦墓」です。

一定期間とはいえ専用のスペースに入ることになるので、墓石も個別に建てることができます。そのため、一般的な承継タイプのお墓にも見劣りしないものがふえてきました。

その代わり、一般の承継タイプより総じて安価とされる永代供養タイプのお墓ですが、この単独墓ともなると、入手にはそれなりの費用がかかります。また、通常、永代供養タイプは年間管理料が不要ですが、単独墓は個別の供養期間が設けてあるだけに、その間は管理料がかかるところも多いようです。

◀永代供養・単独墓には家族用、夫婦用、単身用などさまざまなタイプが。写真は家族（４人）用。（写真提供：アンカレッジ）

▲単独墓は個別の墓所となるため、墓石の種類や形に好みを反映できる。
（小平 實縁の庭「月」／写真提供：ガーデニング霊園のいせや）

永代供養・合葬墓、集合墓

●社会救済の用で生まれた合葬墓

永代供養タイプのなかで、最も仏教上の本来の永代供養墓に近いものが「合葬墓」でしょう。遺骨は骨壺から取り出され、大きめの合同スペースにほかの人の遺骨とともに収められます（合葬）。埋蔵スペースの上やそばには、たいてい石碑や石塔、霊廟といったシンボル的な建造物がしつらえられています。

墓石を建てる必要がなく、お墓の掃除やメンテナンスなどを個人で行う必要もないことから、一般的な承継墓に比べて、かなり費用を安く抑えることができます。なかには遺骨1体あたり3万円というところもあります。

共同墓、合同墓、合祀墓などと呼ばれることもあります。

●合葬墓は家族の反対にあうことも

ただし、最初から遺骨を「みんなと一緒」にされるのがいやであれば、この合葬墓は避けるべきでしょう。大勢の、誰だかわからない他人とともに眠ることに、抵抗を覚える人も少なからずいるはずです。

初めから、ほかの人の遺骨と一緒にされる合葬墓。身軽なお墓ともいえるが、家族の心情に沿わないことも多いので、検討は慎重に。

また、自分はよくても、家族が快く思わない場合もあります。

墓地・霊園側のはからいで、墓石に代わるものとして個人の名前を刻んだプレートなどが添えられる例もありますが、とはいえ、手を合わせるのはモニュメントに対して。愛する家族のお参りに来たような気がしないと感じる人もいるかもしれません。

ほかの人の遺骨と一緒にまぜられてしまうため、あとで「やっぱりふつうのお墓を建てたいから、遺骨を返してほしい」と申し出ても、残念ながら、それは物理的に不可能です。

合葬墓を選ぶのであれば、家族としっかり話し合い、選ぶ理由や思いを理解してもらうように努めましょう。

合葬墓のメリット・デメリット

メリット

- 死後の供養の心配がいらない
- 費用が最も安価な部類のひとつ
- 多くの場合、檀家になる必要がない

デメリット

- 遺骨の返却は望めない
- 合葬のため、お参りの対象がぼやけやすい
- 費用はたいてい１体ごと。複数の場合はそれぞれにかかる

●単独墓をコンパクトにした「集合墓」

単独墓（52ページ参照）と合葬墓の中間的な位置づけのものが、「集合墓」です。

集合墓のメリット・デメリット

メリット

- 死後の供養の心配がいらない
- 多くの場合、檀家になる必要がない
- 一定期間は個別に埋蔵されるため、お参りの対象がぼやけない

デメリット

- 合葬後は、遺骨を取り戻せない
- 生前購入が原則のところは、墓じまいなど、すでにある遺骨の埋蔵先には向かない

合葬墓との最大のちがいは、埋蔵スペースが個別だという点。大きくはないながらも、それぞれに石碑や石塔を備えている場合もあれば、共同のモニュメントのみのタイプもあり、そのあたりは墓地・霊園の企画によりさまざまです。が、おおむね単独墓よりスペースはコンパクト。住宅になぞらえるなら、同じ形の墓碑やプレートがずらりと並ぶような「建て売り」タイプも多く見られます。

個別なのは埋蔵スペースだけではありません。基本的には、単独墓と同じように一定期間は個別に供養され、その後は合葬墓に移される仕組みです。

集合墓は、コンパクトとはいえ「個別」

集合墓は、個別の埋蔵期間を経て、合葬に。
機能的・合理的だが、画一的に見えがちな
お墓の外見に、違和感を覚える人も。

に重きを置いている性格上、合葬墓よりは費用が上がります。20万～30万円のところが多いものの、立地や施設の充実度によっては100万円近くになるところもあるようです。年間管理料も多くの場合、個別供養の期間に対してかかります。

▲象徴的なモニュメントが建つ永代供養・合葬墓。（奥多摩霊園やすらぎの里「アジールの塔」／写真提供：メモリアルアートの大野屋）

▲モニュメントのそばに個別の納骨スペースが並ぶ、永代供養・集合墓。（西東京墓苑「絆」／写真提供：ガーデニング霊園のいせや）

納骨堂

多くは檀家になる必要がない

敷地が潤沢でない都市部に多く見られ、都市型のお墓として大変人気の「納骨堂」。一般のお墓とのいちばんのちがいは、室内施設で、遺骨を土に埋めないという点でしょう。

もともとは、お墓が建つまでの一時的な遺骨の預かり所という役目をもつ施設だったのですが、今ではすっかりお墓としてなじんでいます。法律的にも一般のお墓とまったく同じ扱いで、経営形態も、寺院が経営・管理を行っているところもあれば、民営や公営もあります。

また、たとえ寺院運営であっても宗旨・宗派不問のところが多いのが、納骨堂の特徴です。ただし、これは都市部の寺院納骨堂に限った話です。檀家としてお寺とおつきあいをすることにためらいがある都市部の人にとって、納骨堂はいい選択肢かもしれません。

とはいえ、寺院納骨堂の場合、供養はその寺院の宗派にのっとった形で行われるので、それが気になる人は自分の宗派の納骨堂を選ぶか、宗教色のないところ

都市型のお墓の形として、おなじみとなった「納骨堂」。利便性と、お墓としてのたたずまいがどの程度両立するかが、選ぶときのカギに。

を選ぶといいでしょう。

● 一定期間を経たあと合葬へ

多くは3年、10年、20年など、遺骨を収めておける契約期間があり、契約満了時には更新をすれば、引き続き使うことができます。

最初は個別に収蔵・供養され、契約期間の終了後（または、契約を更新しない場合）に合葬される方式が多いようです。永代供養タイプの単独墓や集合墓と同等のものと考えて差し支えありません。

ただ、ニーズの多様化に応じて、細分化も進んでいます。

遺骨の収め先が納骨堂であるだけで、家族で使え、代を超えて承継もできると

納骨堂のメリット・デメリット

メリット

- 天候に左右されず、屋内施設ならではの清潔感がある
- アクセスのよいことが多い
- 管理をまかせられる
- 個別収蔵がほとんどで、改葬がしやすい
- 承継タイプも永代供養タイプもあり、選択の幅が広い

デメリット

- お参りのしかたに制約やルールがあることが多い
- お彼岸やお盆には混み合うことも
- 画一的な造りや無機質な雰囲気は好みが分かれる

いう、一般の承継タイプのお墓と変わらないような納骨堂もあります。一方で、遺骨は1カ所にまとめて収め、合葬墓とほぼ同義という納骨堂も。

また、遺骨の収め方のスタイルもさまざまです。64ページで解説していますので、参考にしてください。

●参拝のときの雰囲気は大丈夫？

納骨堂のメリット・デメリットの多くは、屋内の施設である点に由来します。メリットは、天候に左右されずにお参りができ、多くが駅近の便利なところに立地している点でしょう。

合葬タイプを除くほとんどの納骨堂が、契約期間中は遺骨を個別に収めるので、「やはりお墓に」と思い直したとき、遺骨を取り出して改葬することができる点も、大きなメリットといえます。

デメリットは、お参りのしかたに制約が多い点です。

線香をたくことが禁じられていたり、供花やお供え物の種類が決められていたりする場合があるほか、お彼岸やお盆などはお参りをする人で混雑し、お参り待ちの行列ができることもあります。行列にならないまでも、人目を気にせず、心ゆくまで時間をかけてお参りをする……といったことが難しいのは確かです。

納骨堂を検討するときは、必ず参拝スペースまでしっかり見学し、パーティシ

▲個別のお参りスペースを備え、従来のお墓の雰囲気をたたえる最新鋭の自動搬送式。（常光閣室内墓苑／写真提供：メモリアルアートの大野屋）

ヨンの有無やゆったり感などをチェックするようにしましょう。

●都市型だけに意外と安くない

費用の面に関しては、省スペースとはいえ都心に立地している場合も多いため、意外と安くありません。簡素なロッカー式であれば15万～20万円からありますが、設備の充実度合いが高いと、100万円を超えるケースもあります。

ほとんどの場合、納骨のための初期費用（一般のお墓の永代使用料にあたるもの）と年間管理料が必要です。年間管理料は会費、護持費などの名目の場合もあります。

お墓の形態⑥

収蔵スタイルに見る納骨堂のちがい

●大別するとスタイルは4つ

納骨堂にはさまざまな遺骨の収め方があります。

ひと昔前はロッカー式のものがほとんどで、整然としているぶん、やや味気ないイメージが先行していましたが、今は千差万別。個々のスペースを広くして遺影を飾れるようにしたり、石造りの墓碑を備えたり、参拝スペースをブースに区切ってゆったり確保したりと、それぞれに工夫を凝らす動きが加速しています。

スタイルごとに特徴を見ていきます。

【ロッカー式・棚式】

コインロッカーのように棚が区分けされ、扉がついているタイプです。扉を閉めたままお参りする方式、扉を開けて中の遺骨に向かってお参りする方式、遺骨を取り出して、お参りは専用の参拝スペースで行う方式など、施設によってお参りのしかたは異なります。

棚式は、ロッカー式の扉がないタイプと思えばいいでしょう。

お供え物を置けるようなプライベートな空間はないことが多く、シンプル。

納骨堂は、遺骨の収蔵スタイルによって4種類に。お参りのしかたや施設の雰囲気、見映えなどを費用とはかりにかけて選ぶ必要が。

20万円前後と、納骨堂のなかでは最も安い価格帯です。

【仏壇式】

大型のロッカーが連なっているような形状で、仏壇が個々のスペースの上段に、遺骨は下段に収蔵することが多いようです。霊廟型と呼ばれることもあります。

納骨堂のルールにもよりますが、仏壇部分はプライベートな空間になっていて、遺影や花を飾ることができる場合があります。ロッカー式よりも遺骨を収めるスペースが広く、夫婦での使用、家族や親族との使用も可という納骨堂が多いようです。

30万円前後が相場ですが、2人用や家

◀ロッカー式の納骨堂。おごそかな雰囲気を保てるよう、意匠に工夫が凝らされている。（武蔵陵苑／写真提供：ガーデニング霊園のいせや）

族用だと100万円程度になることも。

【自動搬送式】

参拝スペースでタッチパネルを操作したり、ICカードをかざしたりすると、バックヤードに収納されていた骨壺や位牌などが運ばれてきて現れ、お参りすることができます。立体駐車場のような仕組みと思えばいいでしょう。機械式と呼ばれることもあります。

参拝スペースに仕切りがあるか、ないかは施設によりますが、おおむね仕切りのあるタイプのほうが、家族水入らずでお参りしているようなプライベート感が得られやすくなっています。

遺骨が厨子に収められていたり、石造りの墓碑を備えていたりと、高級化・重厚化が目立つのもこのタイプの特徴。普段はバックヤードを使って専有面積を節約しているわけですが、それでも80万～100万円程度かかります。高級化にともなって価格も上昇ぎみで、なかには150万円を超えるようなものも登場しています。

また、承継可能で、家墓のような使い方ができるものもふえています。

【位牌式】

前出の3つほどメジャーではありません。墓石に代わるシンボルとして位牌を祀る納骨堂です。

大きく分けて2種類あり、位牌が飾ら

▲遺影や位牌など、ゆかりのものを収めることも多い仏壇式納骨堂。（法林寺・慈恩苑／写真提供：アンカレッジ）

れている棚の下に遺骨を安置するスペースがあるものは、個別のお参りができます。もう1つのタイプ——大きな本尊をぐるりと多数の位牌が囲むようなスタイルのものは、たいてい遺骨は別の場所に収められています。個別のお参りスペースはなく、仏像に向かって手を合わせる格好になります。

5万～30万円ほどと比較的安価ですが、前者の個別タイプのほうが、当然のことながら値は張ります。

後者のタイプは合葬形式の可能性もあるので、ほかの人の遺骨とまぜて収蔵されるのがいやな場合は、よく確かめる必要があります。

室内墓所（お墓型納骨堂）

「お墓型」にこだわった室内霊園

目下、最新のお墓の形として注目されているのが「室内墓所」です。基本的には納骨堂のいち形態と考えて差し支えありませんが、屋根におおわれた空間に、墓石を備えた墓地・霊園がすっぽり収まっているとイメージすると、わかりやすいかもしれません。

区画の一つひとつは小さめで、墓石も外墓より小ぶりであることがほとんどですが、ごくふつうにお墓を訪ねるようなムードでお参りができ、しかも全天候型である点はメリットです。なかには樹木などの植栽を充実させ、庭園風にしつらえた室内墓所まで登場しています。

室内ならではの制約もある

とはいえ、お参りのしかたには制約がある場合も。墓石に上から水をかけたり、お線香がＮＧのところも多いので、お墓参りらしい所作を重視する人は、慎重に検討するほうがいいでしょう。

室内墓所も納骨堂と同じく、代々お墓を継いでいける承継タイプと、永代供養タイプの両方があります。

墓地をまるごと屋根つきの施設の中に。「お墓らしさ」と天候不問を両立させた最新型のお墓として、注目を浴びている。

◀ガーデニング墓地のたたずまいを屋内施設に表した、最新の室内墓所。（瑞現寺　札幌もなみ　ふれあいパーク／写真提供：ガーデニング霊園のいせや）

室内墓所のメリット・デメリット

メリット

- 天候に左右されず、お参りができる
- 従来のお墓参りの気分が保てる

デメリット

- 制約やルールが墓所により大きく異なるため、確認が必須
- 墓石を建てるタイプともなると、100 万円前後と値が張る
- 自然を感じにくい

樹木葬墓

●自然派志向の人に人気

樹木葬は近年人気を高めている埋葬法です。墓石を建てる代わりに樹木や草花を墓標とすることから、「死後は自然に還りたい」と願う自然派志向の人たちから支持を集めています。

74ページに紹介する「散骨」とともに、「自然葬」と呼ばれることがありますが、2つには大きなちがいがあります。散骨は粉砕した遺骨を海や野山にまくもので、法律が整備されていないため、合法でも違法でもないグレーな状態であるのに対し、樹木葬墓はれっきとしたお墓です。墓地として承認された土地に遺骨を埋めるものです。

樹木葬墓のほとんどは、最初から合葬されたり、一定期間をおいたあと合葬されたりする永代供養タイプですが、近年は代々引き継ぐことができる承継タイプのものも見られるようになっています。

また、運営主体がどこであれ、宗旨・宗派は不問とするところが多いようです。

●整備された公園型がふえている

墓標代わりのシンボルツリーと遺骨の

緑に囲まれて眠りたい人に。整備された公園型、大自然の懐に抱かれる里山型、自分の思いや理想に近いのはどちら？

配置のしかたで、３つの様式があります。

①単独墓スタイル

遺骨を埋める区画１つに対して、１本のシンボルツリーがあります。

②集合墓スタイル

１本のシンボルツリーの下に、数体〜数十体の遺骨を埋めます。きっちり区画が区切られているものと、骨壺で区分されているだけのものがあります。

③合葬墓スタイル

②と似ていますが、遺骨はそのまま、または骨袋に収められ、シンボルツリーの下に埋められます。

また、次ページで説明するように、墓地の様子やあり方でも２つに分類されます。

樹木葬墓のメリット・デメリット

メリット

- 自然に寄り添って眠ることができる
- 墓石をもたないぶん、費用は安め

デメリット

- アクセスがよくない場合もあり、参拝頻度と自分の理念などをはかりにかけることが必要
- 土地不足の都市部では、思ったほど安くないことも

A：里山型

草木を自生させたまま、山林を生かして墓地としている点が特徴です。カロート（納骨室）や骨壺を用いることは少なく、より自然に近い場所に眠りたいと考える人に向いています。

B：公園型

墓地・霊園の敷地内にあり、庭園のように整備された環境のもとに収められます。区画にはカロートが設けられていることがほとんどで、墓標が樹木というだけで、ほぼ従来のお墓と同じ感覚で使うことができます。

総じて公園型は①や②のスタイルが多く、里山型は③や②が多いようです。

なお、近年の樹木葬墓はシンボルツリーのほかに、区画ごとに小さな石碑や銘板などを飾って、「個」を尊重する仕様が多くなっています。

●選ぶときに気をつけたいこと

日当たりが悪く、いつもじめじめした立地のところだと地盤がゆるいかもしれません。土砂災害でお墓が流されてしまう可能性もあるため、あえて雨の日に見学し、環境を確認することも大事です。

また、特に里山型は、その性格上、最寄り駅から徒歩数分というわけにはいかないところも多いため、アクセスのしかたや考えているお参りの頻度なども、検討の基準としたほうがいいでしょう。

▲1999年、岩手県一関市の知勝院に日本初の樹木葬墓地が誕生。
自然林を生かした里山型の代表例。（写真提供：知勝院）

▲整備された美しい庭園に遺骨が眠る公園型。草花の根元にとりどりに並んでいるのが墓石。（安楽寺・根岸庭苑／写真提供：アンカレッジ）

散骨

●信頼できる専門の業者に依頼を

「自分が死んだら、遺骨は海にでもまいてくれればいいから」

お墓やお葬式の話題になると、こんなふうに気軽に言う人も少なくありません。自然に還る、あるいは自然に寄り添うことに重きを置いて、遺骨を海や山などにまくのが「散骨」です。

以前は、散骨というと「死体遺棄罪にあたり違法では？」と考えられていましたが、１９９０年に法務省から、「節度をもって葬送の一部として行われる限り問題はない」という見解が（非公式ながら）出されたことによって、潮目は変わりました。

しかし、自治体のなかには条例などで散骨を禁じているところもあり、細心の注意が必要です。散骨を希望するのであれば、地域の事情に詳しく、きちんとした実績を積み上げている専門の散骨業者に頼んで執り行ってもらうことをおすすめします。

山などの陸地は、誰かの所有地であることも多く、住民感情への配慮や公衆衛

まくときには自治体の条例に従う必要が。心の拠り所をなくしてしまわないように、遺骨の一部だけをまくのがおすすめ。

生の面などから散骨には適しません。海へまく「海洋葬」が、現在、散骨の主な方法となっています。

●主な散骨方法は3種類

遺骨は砕いてパウダー状（2㎜以下）にし、漁場や養殖場、海水浴場の近くや海上交通の要所は避けてまきます。

業者に依頼する海洋散骨には、以下の3つの方法があります。

①遺骨を渡し、すべてをまかせる（代行）
②遺族数組とともに船で散骨（合同）
③船をチャーターして散骨（個別）

料金は、①の代行で5万円くらいから、②の合同で15万円程度、③の個別では

散骨のメリット・デメリット

メリット

●自然に寄り添って眠ることができる
●墓石をもたないぶん、費用は安め

デメリット

●法律的にはグレーの状態であり、規制のある自治体も
●遺骨をすべてまくと、手元に何も残らない
●家族や親族から反対されることも

25万〜35万円くらいが多いようです。料金には遺骨をパウダー状にする費用が含まれている場合と、別途必要な場合とがあります。

●おすすめは「一部散骨」

散骨には、遺骨のすべてをまくケースと、一部のみにとどめるケースがあり、どちらを選ぶかは考え方次第ですが、迷うようであれば、一部のみにすることを強くおすすめします。

というのも、遺骨がないことで「どこに手を合わせたらいいかわからない」と後日、むなしさにおそわれる遺族も多いからです。また、やっぱりお墓を……と思っても、後悔先に立たず。

もし、すべてをまくなら、一周忌などのタイミングで散骨した場所へメモリアルクルーズを行うなど、残された人が悲しみを癒やすことのできる手立てをとっている散骨業者を選ぶことも必要かもしれません。

散骨場所の海図を配ったり、「A地点から○○岩を望む方角」などのように、拝むときの目印つきで散骨場所を遺族に教えたりするていねいな業者もあります。

●散骨業者選びは慎重に

お墓をもちたくない。家など、生前のしがらみにしばられたくない。自然に還りたい。シンプルな逝き方の形として、

▼花などとともに粉骨を海に還す海洋散骨。敬意をこめたていねいな葬送を心がける業者を選びたい。(写真提供：琉宮海葬／サライ)

あこがれる人も多い散骨ですが、「死んだらまいてくれればいいから」という言葉ほど、実行する側にしてみたら気軽でも簡単でもないものです。

なお、代行を選んだ場合に、遺骨を持ち込まず、宅配便で送って散骨してもらう形をとると、業者と一度も顔を合わせることなく終わってしまうことも。「葬送として」きちんと散骨が行われたかどうか、確認のしようがありません。

散骨が、ただの遺骨の「処理」に終わってしまうことのないよう、業者の選定などには気をつけたいものです。

散骨後は、遺骨のある・なしにかかわらず、法要を行うことができます。行いたい場合は、おつきあいのあるお寺などにお願いしましょう。

手元供養

●故人を身近に感じていたいなら

お墓を建てない、お墓に入らないことを選択した人がとる、もう1つの手段が「手元供養」です。自宅に遺骨を安置するので、「自宅供養」とも呼ばれます。

自宅の庭や私有地などに遺骨を埋めることは違法ですが、家に安置するぶんにはなんら問題はありません。手元供養は故人を身近に感じていたい、お墓の中に閉じ込めたくないと考える人に選ばれています。

一方で、遺骨をいつまでもお墓に収めないでいると、「成仏できない」「ばちあたりだ」と反対する人もいます。しかし、これはあくまで宗教的価値観の話。一緒に住む家族にはもちろん相談したほうがいいでしょうが、家族さえ同意しているのであれば、手元供養もひとつのとむらい方です。

ただし、遺骨を身近に置くことで、かえって悲しみを引きずってしまうこともあります。この点はよく考えましょう。

●仏壇じゃないとダメ?

遺骨の安置場所に特に決まりはありま

**家に遺骨を安置するのは違法ではない。
仏壇以外にも、安置場所は自宅のどこでもOKで
手元供養のための商品も充実している。**

せん。「仏壇でなければ」と思い込んでいる人も多いのですが、むしろ仏壇は、本来なら仏像の安置場所。仏壇やそのそばに遺骨を置くのは日本独特の習慣です。安置場所はリビングでも寝室でもかまいません。

骨壺も、最近はインテリア調、オブジェ風、ぬいぐるみ状など、骨壺には見えないものがたくさん商品化されています。リビングなどの生活空間に遺骨を安置したいけれど、それとわかるように置くのは抵抗があるという人は、そういった商品を利用するといいでしょう。

また、遺骨の大部分はお墓や納骨堂に収めて、一部を「分骨」して手元供養す

手元供養のメリット・デメリット

メリット

- 常に故人を身近に感じていられる
- お墓を建てる費用がいらない
- 気持ちが変わったらお墓に収められる

デメリット

- 手元供養をしていた人が亡くなったときに、遺骨が宙ぶらりんになることも
- いつまでも悲しみが癒えないことも

る人のほうが実際は多いので、分骨用の商品はより充実しています。

常に故人と寄り添っていたい人には、ロケットペンダントやブレスレットなどのアクセサリータイプがおすすめです。小さな骨壺の付属した写真立てやインテリア調ミニ仏壇・ミニ祭壇などもあり、選択肢は豊富。手元供養はより身近なとむらい方になりつつあります。

また、最近は、遺骨を粉砕することなく、そのまま全骨を収めて室内に祀ることのできる「自宅墓」なども登場しています（94ページ参照）。

●いつかはお墓に入れる日が来る

全骨なのか分骨なのか、どちらの形をとるにしろ、手元供養をする遺骨の最終的な行き先は考えておかなければなりません。

たとえば、妻の遺骨を手元供養していた夫が亡くなったときに、子もまた遺骨を受け継いで、代々手元供養を……ということは考えにくいでしょう。いつかは遺骨をお墓に入れる日はやってきます。

そのときには、火葬時に火葬場で発行される「火葬証明書」または「火葬証明書（分骨用）」が必要です。大切に保管しておきましょう。

改葬や墓じまいをして引き取った遺骨を手元供養する場合は、132ページも参照してください。

◀安置する部屋やインテリアのムードに合わせて、好みの骨壺を選べる時代。（写真提供：サライ）

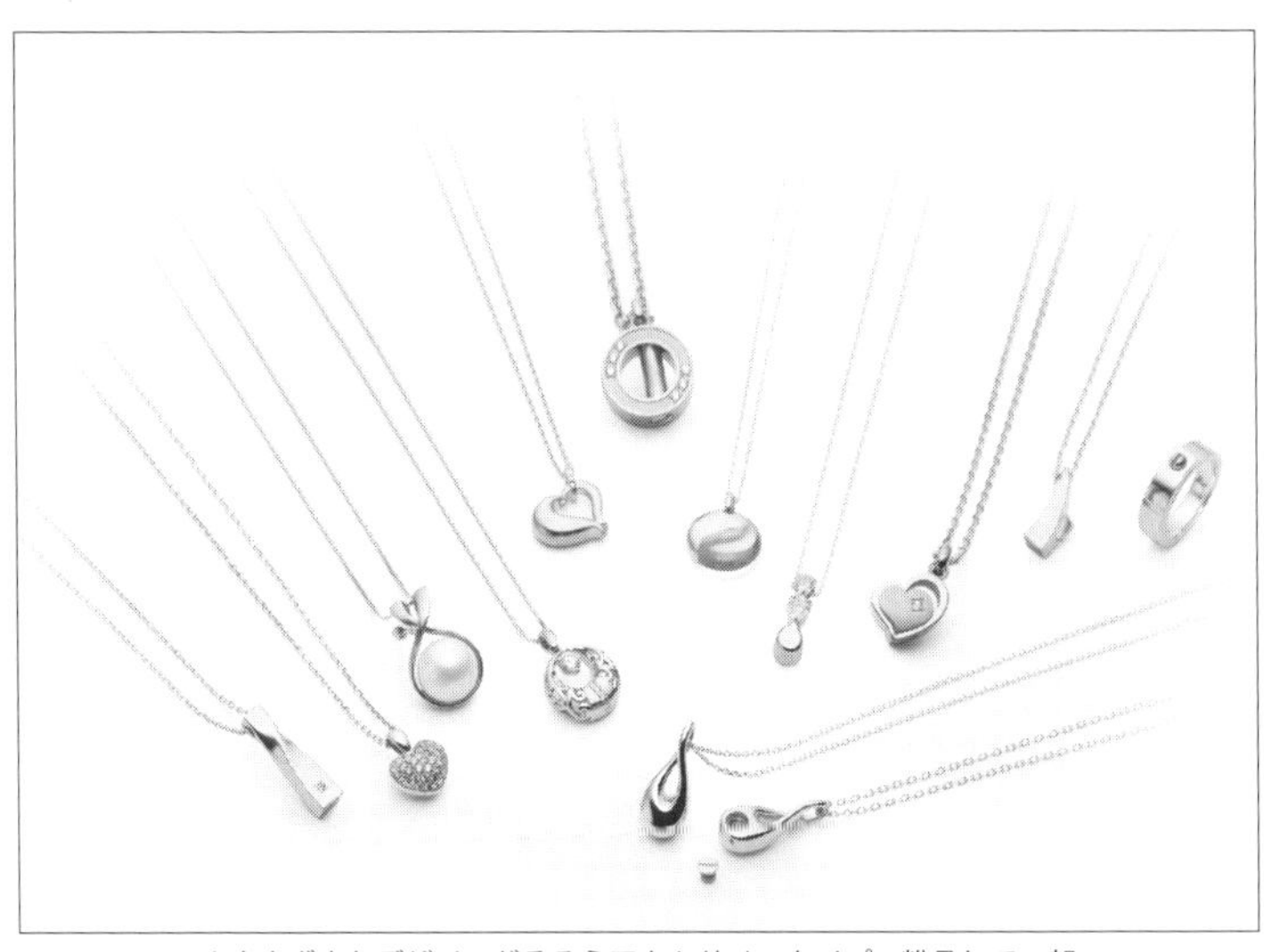

▲さまざまなデザインがそろうアクセサリータイプ。粉骨して一部を収める。（写真提供：メモリアルアートの大野屋）

経営主体はどこ？　その差で墓地は3種類に

公営・民営・寺院墓地のちがい

●何を重視するかで変わるチョイス

墓地・霊園は、経営主体によって大きく3つに区分できます。

①**寺院墓地**……ほとんどが寺院の境内や、隣接する敷地にあります。お寺が経営と管理の両方を担っています。

②**公営墓地**……都道府県や市町村などの地方自治体が経営主体。管理に関しては、多くが業者に委託しています。

③**民営墓地**……公益法人や宗教法人が経営主体。石材店や民間企業が開発・販売・管理を行う協業の形をとっています。

それぞれの詳細は後述しますが、まずは左の表で、大まかに特徴と傾向を把握しておきましょう。

流行の洋型や個性を重視したお墓を望む人は、民営墓地が向いています。民営は自由度が高いうえ、公園風に整備されたところも多く、見た目の相性がいいことが多いでしょう。一方、仏様の庇護を受けたい人、手厚い供養を望む人には寺院墓地がおすすめ。経営主体のちがいは墓地のあり方やたたずまいを左右するので、知っておいて損はない知識です。

公営・民営・寺院墓地の比較

	宗教の制限	生前購入	入手しやすさ	墓石デザイン	石材店の選択
寺院墓地	× 宗旨・宗派を問われ、原則、檀家になるのが条件	○	△ 地域によってはなかなかあきが出ない	× あまり自由にできない	△ 指定業者が決まっていることが比較的多い
公営墓地	○ 宗教自由	△ 遺骨がすでにあることが条件になっている場合が多い	× 倍率が高めで、資格制限も	△ 大きさや形が決められていることが多い	○ 自由に選べる
民営墓地	○ 宗教を問われない場合が多い	○	○ あいていれば好きな区画を入手できる	○ 一定の区画内でなどの条件はあるものの、制約は少ない	× 指定業者が決まっていることが多い

※それぞれ一般的な傾向で、絶対のものではありません。

寺院墓地

●お寺が直接、運営・管理

お寺の境内にある昔ながらの墓地や、お寺に隣接しているような墓地は、ほぼ寺院墓地と考えていいでしょう。経営と管理の両方を、お寺が自ら行っているタイプです。

実は民営墓地にも宗教法人、つまりお寺が経営に関与しているものが少なくありません（特に郊外の霊園や公園型墓地など）。しかし、本書ではそうしたケースは民営として分類しました。寺院の経営は同じでも、宗教の色合いが薄まるぶん、民営墓地のほうが規制一般はゆるやかです（88ページ参照）。

●檀家となることが必須条件

寺院墓地にお墓を買うということは、そのお寺の檀家になることが、ほぼ「条件」です。檀家になると手厚く供養はしてもらえますが、代わりにお布施という経済的な負担はふえますし、仏教行事への参加といった日ごろのつきあいも必要になります。夫婦で信仰する宗教がちがうと、同じ寺院墓地に入れないこともあります。

寺院墓地を選ぶなら、檀家となることが求められる。信仰がなくても買うことはできるが、その宗旨・宗派を敬い、支える気持ちが必要に。

また、改葬の場合に特有の注意点もあります。元のお墓があったお寺と、引っ越し先のお墓のお寺で宗派がちがえば、たいていは改宗を求められます。戒名のつけ直しを言われるケースもあり、そうすると戒名のためのお布施も必要です。もちろん、改宗を拒めば、お墓を建てることはできません。

寺院墓地を選ぶならば、少なくとも、その宗旨・宗派を信仰してもよいという気持ちはあったほうがいいでしょう。

なお、寺院墓地は、買ったあとの制約も多めです。周囲から浮くような墓石の種類やデザインが選べない、出入りの石材店以外を選びにくい、などです。

「檀家になる」ってどういう意味？

もともとは江戸時代に始まった「檀家制度」がもとになっています。すべての家が特定のお寺（菩提寺）に所属しなければならず、異教を弾圧し、戸籍を管理するという両方の役割を果たしました。

檀家になるということは、菩提寺と「檀信徒契約」を結ぶこと。多くの場合「入檀料」が必要です。お寺は檀家の葬祭や供養の面倒一切を見る代わりに、檀家には寺院を守り、維持する（護持）ためのつとめが義務となります。

具体的には葬祭や供養のお礼金（お布施）、修繕費用の負担。日々のおつきあいとしては、お墓の清掃や、お盆・お彼岸・年末の行事参加などがあります。

公営墓地

●人気が高く、抽選制のところも

都道府県や市町村などが経営している墓地が公営墓地です。

公営墓地の大きなメリットは、寺院墓地や民営墓地と比較して、総じて価格が安いことです。経営主体が自治体であることから倒産する心配もほぼなく、その点でも安心。おまけに立地がいいことが多いのも魅力です。

しかし、それだけに人気も高く、特に都市では、公営墓地で墓所を手に入れるのは至難のわざとなっています。

公益性や公平性を重視する観点から、募集は多くが公募です。募集期間が限られていたり、抽選制であったりするところも多く、都市部では何十倍という競争を戦わないと入手できません。

また、利用の資格制限もあります。施設によりますが、おおむね「墓地・霊園のある自治体に○年以上住んでいること」や、「遺骨がすでに手元にあること」などの資格や条件を満たしていることが必要になります。したがって、生前購入は難しいかもしれません。

公営につき、面積あたりの使用料は比較的安価。ただし、公募制や資格制限で入手が難しく、買えても墓石の大きさや形などの利用制約は多い。

改葬の場合も、当選するまでの何年ものあいだ遺骨をどう保管するかなど、ハードルは高くなりがちです。これらの点には気をつけましょう。

●制約も多い公営墓地

自治体によっては、「購入してから○年以内にお墓を建立しなければならない」などの決まりがあるところもあり、守れないと権利が取り消されることも。

公営だけに、多くは宗教不問、宗旨・宗派不問ですが、墓石やデザインに宗教色を強く出すことがNGだったり、そもそも墓石の大きさや形に制限があったりする場合もあります。石材店の指定は特になく、自由に選ぶことができます。

なお、冒頭で「比較的安価」と書きましたが、それは面積に対する利用料の話。公営墓地で広い区画に当選した場合など、石の使用量がふえてしまい、いろいろなサイズの区画が選べる民営墓地に比べて、かえって高くなることもあり得ます。覚えておきましょう。

民営墓地

●こだわりを生かしたければ民営

いろいろな意味で「自由度が高い」のが民営墓地の特徴です。公営墓地のような資格制限はほぼなく、寺院墓地のように宗旨・宗派が問題になることも、ほとんどありません。

また、墓石の種類やデザインなどに制約が少ないこともあげられます。世の中のはやりやニーズに敏感なので、洋型やオリジナリティあふれるお墓にも寛容です。ただし、墓地・霊園によって、決められた区画内でないとNGといった制限はあります。

ところが、1つだけ窮屈なこともあるにはあります。それは石材店を自由に選びづらいという点。これは墓地・霊園の成り立ちと関係しています。

墓地や霊園はどんな民間企業でも自由に開発できるわけではありません。経営主体の宗教法人や公益法人が、石材店など企業の資金力や販売ノウハウを借りることで、民営墓地は成り立っています。

そのため、協賛している石材店が優先的に墓石の販売や工事を請け負うこと

宗教や宗旨・宗派は不問、制約も少ないため
さまざまなこだわりが生かせる。
ただし価格帯は高め、区画の大きさはよく吟味を。

が、半ば常道となっているのです。複数の石材店が開発に参加していれば、その石材店の間で顧客を分け合うようなシステムが築かれています（114ページ参照）。

「この石材店で建てたい」という希望があるなら、お墓探しの段階から、その石材店に相談しておくことが重要です。

●設備の充実と価格は比例

民営の墓地・霊園は、まるで庭園のように整備されているところも多いものです。法要を営むことのできるホールや休憩所、レストランがあるなど、至れり尽くせりのところも数多くあります。

そして、施設や設備が豪華で充実していればいるほど、価格に反映されることになります。公営や寺院墓地に比べて民営墓地がおおむね割高なのは、そういう理由からです。

お墓の値段（新たにお墓を建てる場合）

●墓石を建てるタイプが総じて高額

お墓を新たに建てるには左ページのような各種費用が必要で、総額の目安は100万〜350万円ほど。どんなお墓を建てるかによって、だいぶ費用に開きがあります。

たとえば、1㎡に満たないような小さい区画に建て売りで造られたお墓なら、50万円前後から入手できる場合があるのに対して、国産石をふんだんに使い、広い区画に立派なお墓を建てれば500万円かかるようなケースもあります。

なお、左ページの費用構成は一般的な承継タイプのお墓の例で、納骨堂や樹木葬墓になると事情は異なります。墓石工事費は不要である代わりに、これから先の供養の面倒を見てもらう「永代供養料」が加わるケースも多くなります。

重要なことは、墓地・霊園をきちんと見学したり、石材サンプルを確認したりしながら、区画の大きさやお墓の品質の対価が妥当かを判断することです。「その金額を払う価値があるか？」を自分にしっかりと問うてください。

選ぶお墓の種類や区画の大きさ、石の量でお墓の値段にはずいぶんと幅がある。「納得できる金額かどうか」が大切に。

お墓を建てるときの各種費用の相場

※一般的な承継タイプのお墓の場合であり、あくまで平均的な費用です。

永代使用料　40万～150万円

墓所を使用する権利を得るための料金です。この権利を「永代使用権」といい、土地の所有権とは異なります。お墓を建てるときに最初だけ払い、地価や区画の大きさで金額が変わります。

墓石工事費（墓石代＋彫刻費＋施工費）　**60万～200万円**

石材店に払う費用です。墓石代は石材の種類、石の使用量、加工費の３つの組み合わせで金額が大きく変わります。また彫刻費は、オリジナル性の高さや彫りの細かさによって左右されます。

基礎工事費　3万～50万円

基礎工事がすんでいる墓地・霊園が大半ですが、使用者が行う必要のあるところも一部あります。立地条件によって機材運搬や施工の難易度が上がると、費用も余計にかかります。

年間管理料　5000～2万円

あくまで墓地・霊園全体の維持管理費であって、個々のお墓を清掃してくれる料金ではないので、おまちがいなく。区画の大きさに応じて金額が設定されています。数年分一括払いできるところもあります。

墓石を選ぶときのコツ

●いい石が高いとは限らない

産地や成分ごとに特徴がちがい、国内産・海外産のものを合わせると、２００種類以上もあるとされる墓石。それだけに凝り始めるとキリがなく、迷うことも多いものです。

大前提として知っておくべきは、必ずしも「いい石＝値段が高い」ではないということ。石の値段に大きく影響するのは希少性です。つまり、「高い石を買っておけば、きっと品質も品格も見映えもよく、長もちもするだろう」と考えてしまいがちですが、決してそうとはいえないところが墓石の難しさです。

たとえば、白御影石は墓石の代表格のひとつとされ、定番人気を誇りますが、いちばん安価なものもいちばん高価なものも白御影石です。産地や取れ高によって、簡単に値段は変わってしまいます。

また、一般的に、硬くて水を吸いにくいものがいい石といわれますが、比較的水を吸いやすいのは白御影石など白系統の石。しかし、吸水性は高いものの、水を吐き出す能力に長けた石もあります。

重要！

色や見映えなどの好みを優先してかまわない。「自然の姿」と「経年変化」を楽しむ心で石を選び、費用を抑えたければ、加工を減らす。

では、水を吸いにくいとされ、墓石のもう一方の代表格である黒御影石を買えば安心かといえば、年月が経つと日焼けし、色あせが目立ちやすいのが黒系統の石の特徴です。

●「好き」を基準に選んでいい

このようにどんな墓石にも長所・短所があり、絶対的な決め手はありません。

「墓石として流通している石」を使う限りは、もろく、20年しかもたないようなこともないので、本書としてはむしろ「引き寄せられる石」「好みの石」を優先し、その中から予算に見合うものを選ぶことをおすすめします。石はそもそも自然の産物です。何万年、何億年もの歳月をかけて生まれたものと考え、色ムラや経年変化までも楽しむ心持ちで選んではいかがでしょうか。

なお、墓石のコストを下げるコツは加工費にあります。角を丸くするような加工をせず、なるべくシンプルな形状にすると、比較的高額とされる国産石でも金額を抑えることができます。

考えている墓地・霊園に特定の石材店が指定されていない場合（114ページ参照）は、ぜひ見積もりを複数社からとるようにしてください。墓石の値段を比べることができるだけでなく、対応の様子などから、誠意ある石材店を見つけることにもつながります。

from 大橋理宏

「自宅墓」はお墓じゃない

お墓をもたない、現代流のシンプルなとむらい方である手元供養。故人を身近でしのびたい人のほか、代々のお墓を負担に感じる人、出費を抑えたい人などのあいだで定着しつつあります。

そうした流れのなか、新たな手元供養用品として注目されているものに「自宅墓」があります。名前こそ「墓」ですが、実態は、骨壺が安置できるミニ祭壇といったところでしょうか。

80ページでも触れられていますが、ミニ祭壇にはさまざまな商品があります。モダンインテリア調のものや、石を用い家紋などを彫って、あえて「小型のお墓」といった見た目にしているものなど、各社が工夫を凝らしています。

ただし、そうしたものを「自宅墓」というネーミングで売るのはかまわないと思うのですが、買う側は誤解してはダメです。あくまで室内に遺骨を安置するための用品であって、「自宅に設置できるお墓」ではないので、おまちがいなく。

遺骨を入れていようと、入れていまいと、自宅墓を庭に置くのはやめておきましょう。「遺骨は埋めさえしなければ、法律違反にはならない」――それは事実ですが、人の口に戸は立てられません。「あの家は庭に埋葬しているらしいよ」といったあらぬ噂が立ったり、たとえば後年、自宅を売ることになったとき、誤解がもとで安く買いたたかれるようなことも考えられます。

ネーミングがひとり歩きしている感もある自宅墓。よく考えて購入してください。

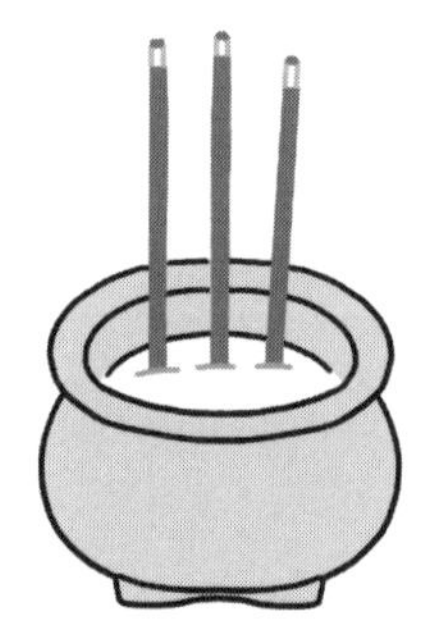

3
章

お墓の引っ越し「改葬」

いくつかある改葬のパターンや、具体的な手続きや費用、
そしてトラブルを避けるためのポイントなど
改葬を進めるためのすべてをまとめました。

スムーズに物事を進めるために

お墓の引っ越し（改葬・墓じまい）を進める手順

1 家族、親族と相談

改葬する理由や希望を話し、理解を得ましょう。

今のお墓

2 墓地の管理者と相談

お寺など、今のお墓の管理者を訪れ、改葬の相談をします。

引っ越し先のお墓

3 引っ越し先のお墓を決定

2章を参考にして遺骨の埋葬のしかたを検討し、引っ越し先の墓地・霊園を決めます。

4 建墓工事を発注

トラブルに備え、必ず②を終えて承諾を得てから発注しましょう。

5

改葬や墓じまいの諸手続き

改葬や墓じまいに必要な書類の作成や手続きを行います。

6

閉眼法要、遺骨の取り出し墓地を解体・さら地に

改葬許可証を提示して遺骨を取り出し、墓地をさら地にして返します。

7

遺骨の安置

遺骨を自宅などに安置します。

8

開眼法要と納骨法要

引っ越し先のお墓が完成したら、法要を行います。

9

納骨

新しいお墓に遺骨を埋蔵します。

選ぶべきはどちら？

わが家は改葬？ それとも墓じまい？

●固有のお墓を片づける「墓じまい」

すでにお墓や納骨堂に収められた遺骨を、ほかのお墓や納骨堂へ移す「お墓の引っ越し＝改葬・墓じまい」。厚生労働省の統計では、２００８年に約7万2千件だった全国の改葬件数は、２０１８年に約11万5千件と、約10年で１・６倍に増加していて、承継者不足に悩む現実を浮き彫りにしています。

さて、お墓の引っ越しには、大きく分けて2つの形があります。

まず、今あるお墓を片づけ、取り出した遺骨を**合葬タイプの永代供養墓**に移すのが「墓じまい」です。

つまり、2章で紹介した「家族や親族以外の人と一緒に遺骨を収めるお墓」「個別供養の期間をもたないお墓」に遺骨を引っ越しさせることを、本書では墓じまいと定義します。

また、取り出した遺骨を散骨したり、手元供養したりする場合も、お墓をなくすことになるため、同様に墓じまいとして扱います。

重要！

**改葬も墓じまいも、必要な法的手続きはほぼ同じ。
おおよその手続きは3章に、
墓じまいならではの注意点は4章に。**

●引っ越し先も固有のお墓なのが改葬

そして、一般の承継タイプのお墓や、一定期間は個別に供養されるタイプのお墓に引っ越しさせるのが「改葬」。

改葬も墓じまいも、とるべき手続きや進める手順はほぼ同じです。３章では、お墓の引っ越しをスムーズに進めるためのノウハウを中心にまとめました。また、親族やお寺と無用にもめないようにするため、気をつけるべきことも解説しています。

墓じまい特有の注意点は４章にまとめていますが、墓じまいに心を決めている人も、ぜひ、この３章には目を通してください。

墓じまいと改葬のちがい

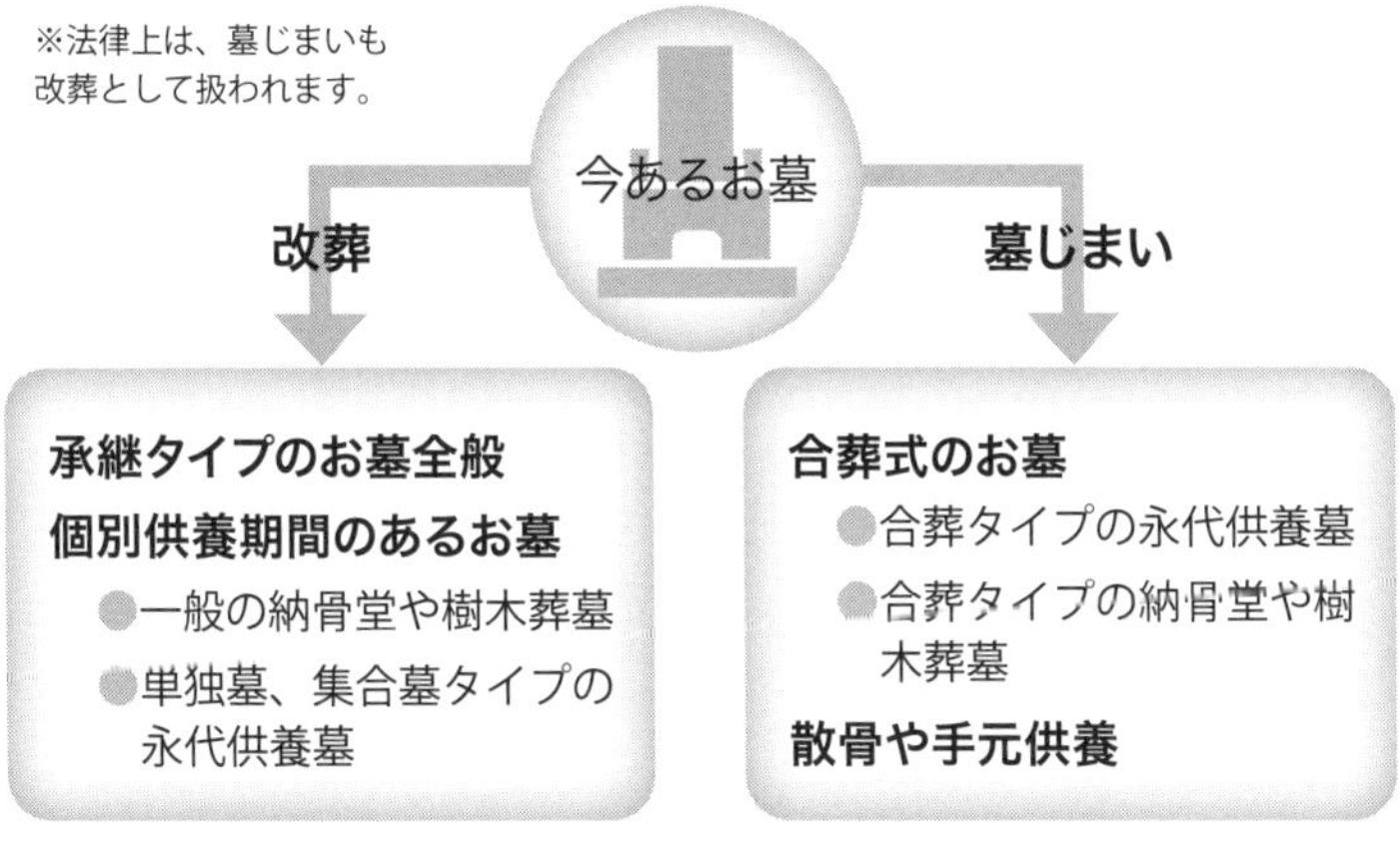

※法律上は、墓じまいも改葬として扱われます。

今あるお墓

改葬

承継タイプのお墓全般

個別供養期間のあるお墓

- 一般の納骨堂や樹木葬墓
- 単独墓、集合墓タイプの永代供養墓

墓じまい

合葬式のお墓

- 合葬タイプの永代供養墓
- 合葬タイプの納骨堂や樹木葬墓

散骨や手元供養

遺骨と墓石、どれをどのくらい移す？

改葬には4つのタイプがある

●お墓を丸ごと移すのは大変

ひとくちに改葬といっても、４つのパターンに分けることができます。

①遺骨と墓石、お墓のすべてを移す
②遺骨だけすべて移す
③カロート（納骨室）に入っている遺骨のうち、いくつかの遺骨だけを移す
④遺骨の一部を「分骨」して移す

求めているのはどのパターンかを考えたうえで、手間や費用などの観点から最も現実的なものをさぐることが大切です。

パターン①は文字どおり、お墓丸ごとの引っ越しとなりますが、改葬先の墓地・霊園によっては墓石の持ち込みが禁じられているところがあるので、注意が必要です。１０８ページの費用に関する項も参照し、どうしても難しそうな場合は、墓石の移動を断念したほうがいいかもしれません。

「改葬しなければ」と悩んでいる人のなかには、よくよく吟味してみたら④の分骨で十分だった……というケースも少なくありません。いわゆる改葬とは多少手

実際の改葬で多くの人が選んでいるのは「遺骨だけをすべて」引っ越すタイプ。墓石まで運ぶケースは輸送費がかかる。

続きが異なるので、１３２ページを参照してください。

あなたはどの改葬パターン？

①遺骨と墓石、お墓のすべてを引っ越し

規定でよそから墓石を持ち込めない墓地・霊園があるため、持ち込み OK のところを探す必要があります。また、たとえ持ち込み OK でも、区画の大きさによっては今のお墓が入りきらないことも。墓所の選択肢は狭まりがちで、移動の輸送費もばかになりません。

②遺骨だけをすべて引っ越し

いちばん需要の高い改葬です。改葬手続きに必要な「改葬許可証」は、遺骨１柱につき１枚必要です。

③特定の遺骨だけを引っ越し

カロートに収められている遺骨のうち、「父母のみ」など、特定の故人の遺骨だけを改葬するパターンです。ただし、今あるお墓が合葬式など、複数の遺骨がまざった状態で埋蔵され、遺骨の特定が難しい場合は、できないことがあります。

④遺骨の一部を分骨して引っ越し

「なかなかお参りに行けない」ことだけが改葬の理由なら、実は分骨でこと足りる場合が多くあります。「お墓を継ぐ人は確保できている」「お墓は地元にいるきょうだいが守っている」など、承継者問題が特になければ、今あるお墓を閉じる必要はありません。手続きは 132 ページを。

順番をまちがえるとトラブルに……

改葬は親族への相談から

●親族の理解を得ないとトラブルに

ご先祖や親のお墓を移す場合には、親戚やきょうだいにていねいに説明し、了承を得ておくことが大切です。

改葬・墓じまいというと、まっ先に引っ越し先のお墓探しを思い浮かべる人も多いかもしれませんが、何よりもまず先にしなければならないのは、家族や親族、きょうだいとの話し合いです。

お墓のある土地に暮らしている親戚やきょうだいにとっては、お寺とのつきあいを断つことや、ご先祖のお墓を移すことに抵抗を感じる人もいます。お墓に眠っているのは親戚にとっても縁の深い人だということ、自分の親はきょうだいの親でもあることなどを、今一度、思い起こすことが大切ではないでしょうか。

考えているのが改葬でなく、墓じまいの場合は、特に慎重に進めることが重要でしょう。合葬墓に移して他人の遺骨と一緒にすることは、ご先祖を粗末に扱っているように思えて納得できないという人は多いものです。

話し合いをしても、最後まで受け入れ

親戚やきょうだいとのトラブルは極力避けて。お墓探しよりも相談を先にし、改葬の理由や事情を示しながら、ていねいに話し合う。

てもらえない場合はあるかもしれませんが、ことを進めてしまう前にていねいに説明をすることが、トラブルを防ぐための大事なポイントです。

●「引っ越し先」についても話し合う

また、相談することによって、「改葬するのなら、私が継いでもよい」という親戚やきょうだいが現れる可能性もあります。そうすれば、お墓の問題は一気に解決するかもしれません。

親族会議では、遺骨の引っ越し先についてや、そこでの埋葬・供養のしかたについても話し合いましょう。同じ宗派の寺院墓地にするのか？　ちがう宗派の寺院墓地を選んで改宗に抵抗はないか？　永代供養は？……など、合意を得たほうがいい事柄はたくさんあります。

親族との話し合いのポイント

□**改葬の理由を共有する**

承継者がいない、遠くてなかなかお参りできない、住まいの近くで手厚く供養したいなど、理由を明確に。

□**誰の遺骨を引っ越しさせる？**

遺骨のすべてなのか、誰か特定の遺骨なのかによっても、親族の気持ちはずいぶんと変わります。

□**改葬先をどうするか？**

- お墓を新たに建てるのか、お墓をもたないのか。
- 承継タイプか、永代供養タイプか。
- 永代供養でも、一定の個別供養期間があるタイプか。
- 墓所の形態は？（一般墓、納骨堂、樹木葬墓など）

円滑に進めるために

お寺に改葬を切り出すときは

●お寺への相談は早めに

改葬の手続きについて詳しくは後述しますが、お墓を改葬するときには、今あるお墓の管理者（寺院など）から「埋蔵証明書」を発行してもらわなければなりません。そのため、親戚やきょうだいとの話し合いがすんだら、次は管理者に改葬の意志を伝える必要があります。

管理者がお寺の場合、この伝え方が重要に。ていねいに伝えないと、トラブルになる可能性があります。

寺院墓地にあるお墓を引っ越すということは、「檀家をやめる」ということです。お寺にとっては、供養を通じて長いあいだなじみだった家と関係が切れること、そして経済的な支えを失うことを意味します。快く思われず、なかなか改葬を納得してくれない場合もあります。

もともとそうした事情があるところへ、理由も告げずに、いきなり「改葬したいので埋蔵証明書をください」と事務的に切り出したら？　おそらく、お寺側は気分を害するでしょう。配慮のない伝え方をすると、トラブルを招きやすいの

重要！

理由も告げずに、一方的に話を進めるのはNG。お墓を維持することが難しい理由や事情をていねいに説明し、わかってもらう努力を。

で気をつけてください。

●時間をとって直接伝えたい

お互いに納得したうえで、気持ちよく改葬するためには、以下のことを心がけるようにしましょう。

お寺へはまず先に電話で一報を入れ、面会の約束をとりつけます。面会に際しては、お墓を維持できなくなった理由を誠意をもって説明します。

また、たとえ遠方でも、できれば直接お寺へ出向き、きちんと対面で話すことが望ましいでしょう。どうしても難しければ、あらかじめ手紙で事情を説明したあと、追って電話など口頭でも相談するのがベターです。

「もっとひんぱんにお墓参りをしたいけれど、離れていてなかなかできず、心苦しく思っている。自宅近くに移して、きちんと墓守をしたい」「あと継ぎがいないので、今、移さないと無縁墓になってしまうかもしれない。それではご先祖にもお寺さんにも申し訳ない」といったように、お墓のことを真剣に思っているがゆえの改葬であることをわかってもらうように努めましょう。

そして、ご先祖や親を長年守ってくれたお寺ですから、「これまでお世話いただき、本当にありがとうございました」と、感謝の気持ちを伝えるのも大切なことです。

できれば、こじらせずにすませたい

「離檀料」をめぐるお寺とのトラブル

●離檀料は必要なお金？

改葬にまつわるトラブルの例として取りざたされることが多いのが、「離檀料」をめぐるものです。檀家を離れるときのいわば退会金のようなものとして、「お寺から高額の離檀料を要求された」という話題をインターネット上などでよく見かけます。

実際にはたびたび起こるトラブルではないのですが、消費生活センターに相談が寄せられることもときにはあるようです。なかには100万円、200万円といった常識外の離檀料を要求されたケースもあるといいます。

●礼を尽くして話し合いを

離檀料という概念は、そもそも昔はありませんでした。近年、改葬や墓じまいで檀家を離れる人がふえるとともに生まれてきたものです。

葬祭や供養でお世話になったお礼として、檀家側が「心づかい」、つまり自発的にお寺に渡すものがお布施であるのに対して、檀家をやめる人にお寺側が請求するのが離檀料です。檀家規定で離檀料

お寺のお財布事情がからんで起こる「離檀料」をめぐるトラブル。万が一こじれてしまったら、弁護士などに相談を。

があらかじめ定められているならともかく、そうでない場合は、請求されたからといって必ずしも払わなければいけないものではありません。

改葬や墓じまいの話がこじれて、離檀料を要求されるようなトラブルに発展する裏には、檀家の減少や寺院離れに頭を悩ませるお寺の実状が透けて見えます。

とはいえ、改葬の相談をする側にも、なにかしらお寺側の気持ちを逆なでしたり、かたくなにさせてしまった原因はなかったでしょうか？

できれば、104ページで紹介しているような方法をとり、話し合いを穏便に進められるよう努めたいものです。

●もし離檀料を包むなら

これまでのお礼として、離檀料にあたるお布施を包みたいという場合は、（お寺とのつきあいの度合いや地域性にもよりますが）数万円から多くても30万円くらいが平均的な金額です。

万が一、高額の離檀料を要求されたり、「払わないと、遺骨をお渡しできません」などと言われたりして、話し合いがつかないところまでもつれてしまったときは、弁護士や行政書士に相談しましょう。あるいは、墓地のある行政の窓口や消費生活センターに相談する手もあります。

意外とかかる改葬の費用

●返却時には墓所をさら地に

改葬にかかる費用は、以下の3つに分けられます。

①今あるお墓にかかる費用
②引っ越し先のお墓にかかる費用
③その他の費用

①の主なものは、遺骨の取り出し費とお墓の撤去工事費です。墓所を返却するときは、墓石類を撤去するだけでなく、区画もさら地にして返すのが基本。お寺に出入りの指定石材店を教えてもらい、作業を依頼しましょう。立地的に工事しにくいところにお墓が建っていると、料金が加算される場合があります。

状況によって大きく変わるのは、墓石や骨壺の運搬費でしょう。改葬の方法や規模（100ページで示した①～④のどのパターンをとるか）、移動距離によってだいぶ幅があります。墓石ごとそっくり移す場合は数十万円かかることも。劣化した墓石は運搬中に破損するリスクもあるので、墓石ごと引っ越すかどうかは慎重に検討したほうがいいでしょう。

純粋に「引っ越し部分」だけでも30万〜100万円。引っ越し先のお墓の種類や、墓石を再利用するかによって、「＋α」の費用は大きく変わる。

③は宗教儀式にまつわるお礼がほとんど。改葬手続きの際にかかる証明書や許可証の発行手数料は、経費として避けられませんが、引っ越し先が寺院墓地でなく、特に儀式を行わなければ、お布施のたぐいは不要です。

左の表からもわかるように、②の引っ越し先のお墓の建立費を除き、改葬には30万〜100万円程度かかると思っていたほうがいいでしょう。

改葬にかかる費用

①今あるお墓の関連

- 遺骨の取り出し費
  1万〜3万円（遺骨1柱あたり）
- お墓の撤去工事費
  10万〜15万円（1㎡あたり）
  （※ただし立地条件により変動）
- 石碑や骨壺の運搬費
  数千〜数十万円（※量と距離による）

②引っ越し先のお墓の関連

- 引っ越し先のお墓の建立費
  ※42ページ参照

③その他の費用

- 今あるお墓で
  お布施（閉眼供養、離檀料）
- 引っ越し先のお墓で
  お布施（開眼供養、納骨式）、**納骨作業費**
- 改葬の手続き費用や交通費

話がまとまったら、いよいよ始動

引っ越し先のお墓を探す

●先に「買うべきお墓」を絞る

お寺など今あるお墓の管理者や、親族との調整がすんだら、いよいよ遺骨の引っ越し先となるお墓探しです。

いきなり墓地・霊園に見学に行ってしまう前に、ターゲットを絞る——つまり、探すのは承継者が必要な「承継タイプ」のお墓なのか、承継者のいらない「永代供養タイプ」のお墓なのかを考える必要があります。

承継者は必ずしも子どもでなくていいこと、たとえば娘でも親戚でも継げることなどを36ページで触れましたが、候補を広げても承継者が見当たらない場合や、そもそも子どもにお墓の負担をかけたくない場合もあるでしょう。しかし、そんなときに承継タイプのお墓を選んでしまっては、本末転倒。次の代に問題を先送りするだけになってしまいます。この点はしっかり考えましょう。

もちろん、散骨や手元供養など、お墓をもたないという選択肢もあります。ただし、今あるお墓から取り出す遺骨が、先祖代々のもの複数に及ぶのであれば、

見学に出かける前に、まずはお墓のタイプを検討。
承継者が必要な承継タイプか
不要な永代供養タイプか。お墓探しはそれから。

手元供養という手法は現実的ではありません。

●**タイプ、予算、宗教などで絞り込み**

タイプを決めたら、次に、墓石のある一般的な「室外墓」なのか、「納骨堂」や「樹木葬墓」なのか、お墓の形態を選びます。永代供養タイプのうち、最初からほかの人の遺骨と一緒に葬る「合葬墓」を選ぶのであれば、その場合は「墓じまい」になります（4章を参照）。

そして、予算はどれくらいなのか、墓地は民営か公営か、宗教はどうするのかなどもはっきりさせていきましょう。それから具体的なお墓探しに入ります。

お墓のタイプやさまざまな形態に関しては、2章に詳細をまとめました。参考にしてください。

お墓見学チェックリスト

新聞の折り込みチラシやインターネットなどを頼りに、いよいよ墓地・霊園の見学へ。その際に、重点的に確かめたい項目をリストアップしました。

お墓見学のチェックポイント

□アクセスはいいか？　立地は？

アクセスが悪いと、せっかく改葬しても足が遠のきがちに。車の場合と公共交通機関の場合、両方をチェック。また、駐車場や入り口から区画まで歩く距離にも無理がないか、検討を。景観や雰囲気、水はけなど、立地環境もあわせて確認します。

□宗旨・宗派の条件は？

寺院墓地は、檀家になることが条件になる場合がほとんど。宗旨・宗派が合わないと改宗が必須なので、選ぶときには注意が必要です。公営や民営の墓地・霊園も、宗教や宗旨・宗派の受け入れ態勢を確かめましょう。

□施設や設備は整っているか？

公営や民営の墓地・霊園なら、必要に応じて、法要を行える施設があるかどうかを確認しましょう。トイレなどの公共部分は清潔に保たれているか、歩道や緑地は整備されているか、水桶やひしゃくなど参拝道具の用意があるか、バリアフリーが充実しているかなども大切なポイントです。

□ 墓地の規定は？

墓地・霊園にはそれぞれ規定があります。使用権が取り消される条件、承継者の条件、お参りのルール、生前購入ができる・できないなどをよく確認しましょう。

□ 建てるお墓に制限は？

お墓の形状やデザインにこだわりがあるときは、自由度の高い墓地・霊園、または区画を選ぶ必要があります。今あるお墓の墓石をそっくり移したい場合なども、受け入れOKか確認を。

□ 経営主体はしっかりしているか？

経営主体は安心できる法人かどうか、経営状態を可能な限り調べるに越したことはありません。最低限、自治体の付与した許可番号をもつ墓地・霊園であることをチェックしましょう。宗教法人なら、どこでどのような活動をしているかをあわせて確認します。

□ 管理態勢はしっかりしているか？

寺院墓地以外ほとんどの墓地・霊園は、経営と管理が別態勢。管理態勢がしっかりしているところは、施設全体の雰囲気のよさや清潔感に表れます。必ず確かめましょう。

公営墓地の「申し込み代行」に注意

公営墓地の募集は、あってもたいてい年に1～2回。応募しては落選し……というくり返しにうんざりする人も少なくありません。

そこで気をつけたいのは、石材店による申し込みの「無料代行」。楽でいいなと代行してもらって、当選すると、お墓はその石材店で建てることがマストになります。当選と同時に営業担当者から連絡が入り、落ち着いて考える間もなく追い立てられ、思ったとおりのお墓が建たなかったなどのトラブルも……。タダほど高いものはありません。

「指定石材店」という制度に気をつける

●好きに石材店を選べない⁉

お墓独特のシステムに「指定石材店制度」というものがあります。決められた石材店でしか、墓石の購入や工事依頼ができないというもので、多くの民営墓地がこのシステムをとっています。

気に入った石材店や知人の石材店があっても、墓地・霊園の指定石材店になっていなかったので頼めなかった。複数の石材店で見積もりをとろうと思ったのに、できずに言い値で買わされた……など、顧客の側からすると納得のいかないことも起こりがちです。

これには、多くの墓地・霊園が石材店との共同事業として開発されている事情が大きくからんでいます。経営主体である霊園にすれば開発の資金が助かり、石材店にとっては霊園の看板が借りられることに。そして開発後は、提携に名を連ねた石材店が、「指定石材店」として営業販売や維持管理などの実務を担うという構図です。

●迷っているなら個人情報を残さない

墓地・霊園へ見学に行くときは、折り

石材店のあいだで、公平に顧客を分け合う協定が。競争原理が働きにくく、トラブルも多いため見学では即決厳禁。契約を急がない。

込みチラシを頼りにする人が多いでしょう。すると、待ち受けていた営業担当者がとんできて、「どちらのチラシをご覧になりましたか？」と聞かれます。

チラシには1社が単独で出すものと、指定石材店が合同で出すものの2種類があり、どちらを見たかによって見学を案内する石材店が振り分けられます。単独チラシを見て来た人にはその石材店が優先的に、合同チラシの人には、協定で決まった順番で……という具合。そして、区画を契約すれば、案内役を務めた石材店に発注することが必至となります。

合理的といえば合理的ですが、このシステムのもとでは価格の競争原理が働きにくく、また、不誠実な業者に当たっても泣き寝入りするしかない可能性もあり、注意が必要です。

トラブルを避けるためには、契約を急がないことが第一。「今日はとりあえず見に来ただけ」と言い、名前や電話番号を聞かれても、できることなら書き残さないほうがいいかもしれません。

また、どうしても割り振られた石材店に信頼が置けない・納得がいかないなどの場合は、その霊園をあきらめることもときには必要です。

もし、心に決めている石材店があるなら、事前に相談し、その石材店が入っている霊園を選ぶほうがいいでしょう。

改葬には各種書類が必要

改葬の手続きと段取り

●引っ越し手続きは難しくない

お墓の引っ越しには、法律にのっとった手続きと書類が必要です。お墓を勝手に開けて遺骨を持ち出し、よそへ移すことはできません。

手順をわかりやすく説明するために、引っ越し前の今あるお墓を「旧墓地」、引っ越し先のお墓を「新墓地」と呼ぶことにします。手続きの大まかな流れは、左ページを参照してください。

複雑なように思えるかもしれませんが、実際にはそれほど難しくありません。

●「改葬許可申請書」を入手する

改葬や墓じまいにあたり、必ず用意しないとならない書類が「改葬許可申請書」です。自治体によって書式が異なるので、必ず旧墓地のある役所で入手してください。役所の窓口での配布はもちろん、遠方なら郵送や、最近はホームページからダウンロードできる自治体もあります。

どんな書式のものにせよ、共通して記入する内容はおおよそ以下になります。

A 申請者（あなた）の情報

B 引っ越す遺骨（故人）の情報（名前、

改葬に必要な書類と、手続きの流れ

今のお墓

墓地の管理者にあいさつと、改葬の相談

手続きを始める前に、お寺など今のお墓の管理者にまず相談し、改葬の承諾を得ます。

1 「改葬許可申請書」を入手する 役所で

自治体ごとに申請書の書式がちがうので、必ず今のお墓がある地域の役所で入手します。

3 「埋蔵（収蔵）証明」をもらう

記入を終えた①をお墓の管理者に提出し、所定の欄に署名・押印してもらいます。これで「埋蔵（収蔵）証明ずみの改葬許可申請書」となります。または、単独の「埋蔵（収蔵）証明書」を発行してもらいます。

4 「改葬許可証」をもらう 役所で

③の「改葬許可申請書」と「埋蔵（収蔵）証明」に、②の「受入証明」を添えて役所に提出し、「改葬許可証」を発行してもらいます。

遺骨を取り出す

お墓の管理者に④の「改葬許可証」を提示して、遺骨を取り出します。

引っ越し先のお墓

引っ越し先のお墓を決める

2 「受入証明」をもらう

引っ越し先のお墓が決まっている、という証明です。お墓の管理者から発行してもらうか、①に受入証明欄がある場合は、渡して記入してもらいます。「墓地使用許可証」「永代使用許可証」という名称の場合もあります。

受入証明を特に必要としない自治体や、受入先（引っ越し先）に「未定」「自宅」と記入しても大丈夫な自治体もあります。

納骨

④の「改葬許可証」は納骨でも必要。引っ越し先のお墓の管理者に提出します。

性別、死亡年月日、本籍など）
C旧墓地の所在地などの情報
D旧墓地の管理者による埋蔵証明
E新墓地の情報
F新墓地の管理者による受入証明

旧墓地と新墓地にまつわる証明**DF**は、墓地の管理者に「証明書を発行」してもらい、改葬許可申請書に「添える」タイプと、墓地の管理者に改葬許可申請書を「渡して記入」してもらうタイプがあります。自治体によって異なるため、改葬許可申請書を先に入手しておくと、戸惑わなくてすみます。また、**EF**が不要の自治体もあり、さまざまです。

改葬許可申請書は、基本的に引っ越しさせる遺骨1柱につき1枚が必要です。自治体によっては、遺骨が複数の場合の申請書を別途用意しているところもあるので、問い合わせるといいでしょう。

●2つの墓地から2種類の証明書

通常、遺骨の引っ越し先がないと改葬許可を出してもらえないので、新墓地の管理者から「受入証明」をもらいます。これは、遺骨を受け入れるお墓があることを墓地側が客観的に証明するもので、「墓地使用許可証」とも呼ばれます。

次は旧墓地での手続きです。「今あるお墓にまちがいなく遺骨が収められている」ことを証明する「埋蔵（収蔵）証明」を旧墓地の管理者にもらいます。

今のお墓から「埋蔵証明」
引っ越し先のお墓から「受入証明」
2種類の証明書とともに、改葬許可を申請する。

ちなみに、「埋蔵」とは遺骨を地中に埋めることをいい、墓石のある一般的なお墓に対して使われる言葉です。一方、「収蔵」は遺骨を安置するタイプの納骨堂などに対して使われます。墓地の管理者が使い分けるべきものなので、申請者は気にしなくてかまいません。

●書類をそろえて役所に申請

最後に、双方の墓地からの2種類の証明を添え、旧墓地のある役所に改葬許可申請書を提出、「改葬許可証」を発行してもらいます。これで初めて改葬が行えます。役所の状況にも左右されますが、発行は即日、提出後1～2時間ほどで窓口で受け取れることが多いようです。

移す遺骨が複数ある場合は、思いのほか時間がかかることもあるので、発行までにかかるおおよその時間を窓口で聞くといいでしょう。

土葬の遺骨が出てきたら？

まれにお墓を開けると、火葬されていない古い遺骨が出てくることがあります。日本で火葬が定着したのは昭和40年ごろなので、代々受け継がれてきた古いお墓なら、十分あり得る話です。

公衆衛生の観点から、墓地・霊園の多くは火葬した遺骨しか受け入れない決まりになっていて、そのため、土葬の遺骨を引っ越しさせるなら改めて火葬する必要があります。役所で「火葬許可証」の発行手続きをとり、火葬してから改葬します。

もちろん、土葬の遺骨のぶんの「改葬許可証」も必要になります。

お墓から遺骨を取り出したら

●墓所はさら地にして返還

遺骨の取り出し作業は、重い墓石を動かす必要があるため大変危険です。遺骨1柱あたり1万〜3万円ほどかかりますが、石材店に頼むほうが断然安心です。

ちなみに、取り出し費用は「1柱あたり」と書きましたが、遺骨の数がふえるぶん、倍々でかかっていくわけではありません。前述の金額はいわば出張作業料で、良心的な石材店なら、「数千円×取り出す遺骨数」を上乗せする程度で収まるはずです。

改葬許可証が役所から無事発行されたら、お寺などお墓の管理者と石材店に連絡し、遺骨の取り出し日を調整しましょう。石材店のツテが特になければ、お寺に出入りの石材店を紹介してもらうといいでしょう。

そのままお墓の解体・撤去を依頼している場合は、石材店によくお願いしてから帰りましょう。賃貸マンションを出て引っ越すときに、部屋をきれいにして返すのと一緒で、墓所はさら地に戻してから墓地に返却するのがルールです。

日程調整をして遺骨を取り出したら、自宅へ。公共交通機関を使って運ぶこともゆうパックを使って送ることもできる。

●自宅へ遺骨を運ぶには

遺骨を取り出したら、引っ越し先のお墓がととのうまで自宅で安置します。自宅はちょっと……という場合は、納骨堂の一時預かりを利用すると便利です。

自宅まで遺骨を運ぶとき、公共交通機関を使う場合は、ほかの乗客に配慮して、骨壺はふろしきで包んだり、バッグに入れたりして運びましょう。

また、遺骨は、郵便局で扱っているゆうパックで送ることもできます（ゆうパック以外の宅配業者はＮＧ）。品名のところには「遺骨」、または、はばかられるなら「つぼ」などと書きましょう。

骨壺のフタが外れないようにビニールテープなどで留めてから、クッション材と段ボールでしっかりと梱包して送ります。長い間カロートの中に収められていた骨壺には、水がたまっていることも多いので、水を切る、骨壺をビニール袋で包むなどの気づかいも必要です。

改葬がふえている世相を反映しているのでしょう。最近はネット通販で「骨壺の搬送パック」も購入できます。骨壺にちょうどいいサイズの段ボールとクッション材一式がセットになっています。

引っ越し先のお墓に納骨するまでのあいだ、取得した「改葬許可証」はなくさないよう大切に保管しましょう。納骨は、改葬許可証がなければできません。

from 大橋理宏

墓石の再生で思い出を手元に

びっしりと積まれた墓石の山、山、山……。改葬や墓じまいで撤去された墓石を引き取り、供養する「墓石の墓場」、そんな話題を耳にしたことがある方も多いでしょう。

みなさんは、墓じまいのあとの墓石がどうなるかご存じですか？

冒頭のニュースで有名になった愛知県・妙楽寺のような、墓石の供養場は全国にそれほどあるわけではなく、役目を終えた墓石のほとんどは産業廃棄物として処理されます。専門の業者に持ち込まれ、小さく砕石されて、舗装道路の路盤材などにリサイクルされるのがスタンダードな処理法です。

たとえ「性根抜き」「魂抜き」といった閉眼供養をしたとしても、墓石は墓石。ひとたび文字を刻み、故人の魂を宿したものを売買することはタブーです。万が一にでも、転売をもちかけたり、ほのめかしたりするような業者に出会ったら、きっぱりと断りましょう。

代々の墓石を大事にしたい、思い入れがあるという人は、一部を別の形に再生し、手元に残す方法を考えてみてはどうでしょうか。加工費はなかなか値が張りますが、庭があるお宅なら、灯ろうや庭石に加工して使い続けることができます。洋風の庭なら、動物モチーフなどのガーデンオーナメントもいいですね。

日ごろ、手を合わせられるものとして、もっと気軽な方法もあります。人気なのは数珠。墓石の珠とほかの珠を組み合わせた数珠はデザイン性も高く、法事などで使うたびに、ご先祖や家族のつながりを身近に感じられます。

ほかにも、小さな仏像に造り替えたり、墓石の家紋の部分を切り出してプレートにしたり、墓石を再生させる方法はいろいろ。石材店に相談してみてください。

墓じまいをしたあとも長く墓石に寄り添ってもらえるなら、石材店として、これほどうれしいことはありません。

4
章

お墓の片づけ「墓じまい」

半永久的な供養をしてくれる引っ越し先へ遺骨を託し
お墓を片づける手立てが、墓じまいです。
特有の注意点を知っておきましょう。

「墓じまい」で本当にいいですか？

墓じまいならではの注意点

●合葬墓だからこそ悩み、迷う

墓じまいの場合も、基本的な手順と手続きは改葬の場合と同じです。ちがいといえば、永代供養タイプのお墓探しが出発点となることでしょう。

2章で述べているように、永代供養タイプは大きく分けて3種類あり（単独墓／合葬墓／集合墓）、基本的に墓じまいにあたるものは、「個別のお墓」をもたない合葬墓を選んだ場合だけです。

個人や夫婦単位で入る単独墓や集合墓は、遺骨が専用スペースに収められること、（最終的には合葬墓に葬られるものの）一定期間は個別に供養されることから、どうしても費用は高めになります。

そのため、墓じまいを考えている人の選択肢にはなりにくいことがあります。

遺骨の引っ越し先に合葬墓を選んだ人は、本当にそれでいいいか、後悔はないかなどを今一度、自分の胸に問いかけてみましょう。家族や親族としっかり話し合い、同意を得ておくことも大切です。

遺骨は骨壺から取り出され、最初からほかの人の遺骨と一緒に葬られることに

墓じまいの場合、遺骨の引っ越し先は「合葬墓」。のちに悔やむ人も少なくないため慎重な判断と、家族・親族の同意がとても大切に。

なります。１柱ごとの区別がつかなくなるため、「やっぱりやめた」「遺骨を返して」と思っても、残念ながらかないません。心を決めて実行したつもりでも、お寺で供養してもらっている最中に、「本当にこれでよかったのだろうか？」と泣き出す人、後日喪失感にさいなまれる人も、実は少なくありません。

●合葬墓のスタイルを選ぶ

合葬墓には一般的な野外タイプのものもあれば、納骨堂スタイルや樹木葬スタイルのものもあります。１２８ページでは、「本山納骨」という少し特殊な合葬墓も紹介しています。どれがふさわしいかをよく検討しましょう。

また、手元供養や散骨など、お墓そのものをもたないとむらい方を視野に入れることもできます。選ぶときの注意点や手続きのちがいを後述していますので、参考にしてください。

▲涅槃像の御許に遺骨が眠る合葬墓。（實成寺／写真提供：アンカレッジ）

永代供養墓（合葬墓）を探す

交通の便や供養のしかたを軸に

●どんな供養なら安心できる？

合葬墓ならではのお墓選びのポイントは、主にお墓の形態（スタイル）と、供養方法です。左ページにチェックすべき点をあげましたので、検討するときの参考にしてください。

ほかにも、立地や経営主体、施設の利便性などももちろん重要。ここでは省略しますが、112ページの「お墓見学のチェックポイント」と同様です。

肝心の供養のしかたですが、これは墓地・霊園によってさまざまです。毎月、合同供養式を行っているところもあれば、お彼岸やお盆などの宗教行事のときに行うところ、年に一度のところもあります。どんな供養の形や頻度なら安心できそうかを考えましょう。

言わずもがなですが、合葬墓は永代供養墓の一種。墓地・霊園側に供養をまかせたとしても、無縁墓にはあたりません。

なお、墓じまいをしたあとでも、できる限りお参りや供養式に行きたいと考えているなら、自宅との距離や交通の便などもしっかり確認しましょう。

永代供養墓（合葬墓）探しのチェックポイント

□埋葬の方法は？

□単独墓（専用の遺骨スペースと個別の供養期間がある）
□集合墓（同右）
→「改葬」へ
□合葬墓（最初から合同のスペースに埋葬される）

□お墓の形態は？

□屋外の合葬墓
□納骨堂の合葬タイプ
□樹木葬墓の合葬タイプ
□本山納骨（128ページ参照）

□供養のしかたは？

供養のタイミングや頻度は、墓地・霊園によりさまざま。どの程度手厚い供養を望むか、墓じまいのあとも供養式に参加したいかなどによって、お墓を選ぶ必要があります。

□遺骨の返還は基本的にできない

合葬墓に一度遺骨を収めると、もう取り出すことはできません。とはいえ、心変わりや後悔の念はどうしてもわき起こりやすいもの。そうしたニーズに備え、遺骨を1年限定で個別スペースに仮置きし、もしもの場合は返還できるようにしている墓地・霊園もふえています。

□生前購入が原則のところも

お寺直轄の合葬墓では、生前購入した人の遺骨しか受けつけないところもあります。すでにある遺骨の引っ越し先（墓じまい）には向きません。

本山納骨を考える

●西日本ではメジャーな埋葬方法

各仏教宗派のお寺を統括する本山や総本山。開祖の墓所があるなど格式の高いお寺として知られますが、その本山に遺骨を収める埋葬方法があります。それが「本山納骨」です。

東日本ではあまりなじみがありませんが、西日本では本山に遺骨を分骨して収める習慣が古くからありました。開祖ゆかりの地に信者の遺骨が合祀される本山納骨には、永代供養タイプの合葬墓に似た側面があり、選択肢のひとつとして考えてもいいかもしれません。

●社会の救済行の一環だった

もともと本山納骨は、経済的な事情からお墓を建てられない信徒や行き倒れた人のため、社会の救済行の一環として行われていたものです。そうした性格は今も引き継がれていて、信徒である・なしにかかわらず、申し込みがあればその意志を尊重して遺骨を引き受ける寺院も多いようです。信徒であるならなおさら、本山にとむらってもらい安らかな眠りにつけるのは、何よりの供養でしょう。

社会救済の役目を帯び、古くから行われている。費用はかなり抑えられ信徒でなくても遺骨を引き受ける寺院も多い。

また、一般的なお墓よりもかなり費用が抑えられているのも特徴です。これも社会救済という考えのもとに立ってのこと。数万円から納骨でき、年間管理料やお布施、戒名なども必要ないところもあるようです。全骨納骨や生前予約が可能なお寺もあります。

くり返しになりますが、本山納骨は基本的に合葬型なので、一度納骨すると遺骨の返還はできないため、慎重な検討が必要です。また、すべての本山寺院で納骨を受け入れているわけではありません。地域が限られるので、収めたあとの参拝のことまで考えることが大切です。

本山納骨ができる代表的な寺院の例

真言宗総本山 **金剛峯寺**（和歌山県）

天台宗総本山 **比叡山延暦寺**（滋賀県）

浄土宗総本山 **知恩院**（京都府）

浄土真宗大谷派本山 **東本願寺**（京都府）

浄土真宗本願寺派本山 **西本願寺**（京都府）

日蓮宗総本山 **久遠寺**（山梨県）

曹洞宗大本山 **永平寺**（福井県）

臨済宗妙心寺派大本山 **妙心寺**（京都府）

事前確認するべきこと

- 信徒となることが条件かどうか
- 納骨は分骨のみか、全骨が可能か
- 納骨のために必要な手続き
- 納骨後に費用がかかるかどうか
- 供養の頻度や参拝のルール

引っ越し先にそもそもお墓を選ばないときは……

散骨と手元供養の場合の手続き

●「事件性のない遺骨」の証明

墓じまいをしたあと、遺骨を散骨したり、手元供養したりするときは、手続きに少々注意が必要です。

散骨や手元供養では、本来なら116ページの諸手続きのうち、116ページ「受入証明」をしてもらう遺骨の引っ越し先のお墓がないことになります。

自治体によっては、改葬許可申請書の「遺骨受け入れ先」を書く欄に「未定」「自宅」と記入しても、すんなり改葬許可証を発行してくれるところもありますが、一方でNGの自治体もあります。

そのときは役所の担当者に、散骨や手元供養を希望していることを話して相談してみましょう。お墓の撤去作業をお願いする石材店なら地域の手続きにも詳しいはずなので、相談してみるのもいいかもしれません。

きちんとした散骨業者ほど、改葬許可証を提示しないと散骨を受けつけてくれないので、許可証は必ずとってください。「出所不明の遺骨・事件性のある遺骨ではない」ことの証明となるからです。

遺骨の引っ越し先が「未定」「自宅」でも改葬OKの自治体と、NGの自治体とがある。NGの場合は、担当者に事情を話して相談を。

●分骨して「一部を散骨」がおすすめ

なお、そのときはよかれと思って散骨しても、あとから考えが変わる場合があります。どこに手を合わせればいいのかわからない。祈り、話しかける対象がないなどの理由から、虚無感や喪失感におちいってしまう人もいます。

もし散骨という手段をとるなら、分骨し、遺骨の一部だけをまくことをおすすめします。

墓じまいのあと、遺骨の全骨を手元供養する場合は、改葬許可証をなくさないようきちんと保管しましょう。手元供養をしていた人が亡くなったら、いずれはその人のお骨ともどもお墓に収めなければなりません。そのときに改葬許可証が必要になります。

散骨や手元供養のいろいろなパターン

お墓をもたないことで、あとから悔やむことも多い散骨や手元供養。遺骨を分骨すれば、いろいろな供養ができます。喪失感や後悔の念を抱かずにすむ、自分なりのベストな方法を選んでください。

- 一部を散骨/残りほぼ全骨はお墓に
- 一部を散骨/残りほぼ全骨は手元供養に
- 一部を手元供養/残りほぼ全骨はお墓に　など

「分骨」で解決する場合も

●承継者さえ確保できるなら分骨も◎

故郷にあるお墓が遠く、体力的・経済的な理由から、なかなかお参りに行けないことを悩んでいる人のなかには、実は「分骨」することで問題が解決する場合があります。

たとえば、お墓は故郷にいる弟が継いでくれそうなら、無理をして改葬や墓じまいをする必要はありません。お墓から親など遺骨の一部を分骨し、自宅近くに行きやすいお墓を見つけて収めたり、手元供養したりすればいいのです。

分骨は以下のようなケースでおすすめの手段です。

①墓じまいせず、今のお墓＋別のお墓などでも供養する。

②墓じまいし、遺骨を合葬墓に収めるが、一部を手元供養などに。

冒頭のケースは①。この場合は改葬にあたらないため、特に改葬の手続きは不要です。墓守（承継者）をきょうだいや親族に頼み、そのうえで分骨の了承を得たら、お寺などお墓の管理者に連絡しま

「なかなかお墓参りに行けない」ことだけが
墓じまいを考えている理由なら
分骨という手が。必要なのは「分骨証明書」のみ。

す。そして「分骨証明書」を発行してもらったら、手続きは終わりです。

●墓じまいしつつ分骨という手も

②の場合は、遺骨の大半を合葬墓に移すことになるので、まずは一般的な墓じまい・改葬の手続きを進めます（116ページ参照）。今あるお墓の管理者に「埋蔵（収蔵）証明書」を発行してもらうとき、一緒に、分骨したい遺骨に関して「分骨証明書」も発行してもらいます。

分骨を実施するときには、重い石材をどかしてカロート（納骨室）を開けることになります。石材店の作業が必要になるので、事前に日取りを調整しましょう。また、お墓の管理者にも同様に連絡を。

いずれのケースであれ、分骨証明書は大切に手元に保管しましょう。手元供養をやめて改めてお墓に納骨する場合や、分骨したものを海洋散骨する場合などに、不審なお骨ではないという証しとして、分骨証明書を提出しなくてはならないことがあります。

分骨の当日に必要なもの

- ●分骨証明書（お寺などお墓の管理者が発行するもので、作業する石材店に提示）
- ●分骨用の小さい骨壺
- ●お布施（分骨時に供養をお願いする場合）

手配や調べものの手間が省けて大助かり

便利な「墓じまいパック」と代行サービス

●お墓探しから納骨までを一手に

「墓じまい」という言葉を全国的に有名にしたのは、『霊園・墓石のヤシロ』かもしれません。関西の霊園・墓石販売会社であるヤシロは、２０１１年にお墓の片づけと永代供養墓をセットにした「墓じまいパック」を売り出しました。

墓じまいパックは、今のお墓から引っ越し先のお墓までの距離、作業時間、墓石の大きさなどから基本価格を設定し、基準より遠い、墓石が大きい・数が多いなどの場合に追加料金がかかるというシステム。ふつうなら料金の見当もつかない墓じまいや改葬を、明快な料金体系にしたのが特徴です。

引っ越し先のお墓には、ヤシロが開発した霊園の合葬墓を利用でき、料金には、遺骨の移送や古いお墓の解体処分費はもとより、合葬墓への納骨や永代供養料まで、一式すべて含まれています。

●パックも代行業も続々登場

ヤシロのあとを追うように、最近は墓じまい・改葬を問わず、お墓の引っ越しをパック料金で請け負う石材店や霊園業

墓じまいや改葬にまつわるすべてがパックに。選ぶときのポイントは、信頼できる業者かどうか？頼むことで省ける手間と料金が見合うか？

者がふえています。パック料金にはどのような内容が含まれているか、追加料金はどんな場合に発生するのかなどをきちんと確認し、納得のうえで頼むようにしましょう。

　また、墓じまいの「代行」をうたう業者も急増し、イオンなどの異業種大手の参入も目立つようになりました。

　代行は忙しい現代人にはうってつけのサービス。しかし、改葬や墓じまいの料金にプラスして代行料金がかかることをお忘れなく。パックや代行を選ぶときの注意点は、138ページのコラムを参照してください。

代行業者に「何を」頼む？

改葬や墓じまいで代行業者に頼めるステップ、頼めないステップをまとめました。必要に応じて取捨選択をすることがポイントです。

ステップ①

関係者の理解を得る

- 親族　×
- お寺などお墓の管理者　△
  ※代行でかえってこじれることも。

ステップ②

遺骨の引っ越し先の候補出し　○

ステップ③

行政手続き一式　○

ステップ④

遺骨を取り出す

- 今のお墓を解体・撤去する業者を手配　○
- 閉眼供養を依頼　○
- 遺骨を移送し、保管する　○

ステップ⑤

引っ越し先に遺骨を収める　○

代行の費用

上記のすべてを代行してもらった場合の相場は、15万～30万円程度。ただし、改葬や墓じまいにかかる実費は、別途必要。

こんなお墓の解決法もある

墓じまいの生前予約

●心の拠り所をなくさないために

人生の節目やいいことがあったとき、あるいは思い悩んだとき、親やご先祖に語りかけたり報告に行ったりする場所、それがお墓。そんな心の拠り所であるお墓を早々に片づけることは、果たして正しいことなのか――？ 元気なうちに墓じまいをしなければと思いながらも、悩み、迷っている人は少なくありません。

そんな墓じまいを躊躇している人にとって朗報になりそうな、新たな動きがあります。「墓じまいの生前予約」です。

●墓じまいの決行は自分の死後に

事業者ごとにシステムはいろいろですが、全国に加盟店をもつ『お墓のみとり®』を例にとると、ポイントは2点です。

・今あるお墓はそのままにし（片づけない）、死後、自分もそこに入る。

・事業者が代わりに墓守をつとめ、一周忌や七回忌など一定期間を経たあと、契約にもとづいて永代供養墓へ遺骨を移したり散骨を行ったりし、墓じまい。

「継ぐ人がいなくてお墓の行く末は心配だが、親や先祖の眠るお墓に自分も一度

今あるお墓はそのまま、死後に自分も収まる。そして、一定期間ののちにお墓を片づける完全委託による新しい墓じまい法。

は入りたい」「今、代々のお墓を片づけるのはしのびない」といった人の新たな選択肢として、注目を集めています。

生前に死後のぶんの費用を先払いすることになるため、行政書士など専門家の関与はあるか、契約書や費用の預託システムはしっかりしているかなどを確かめたうえで選ぶようにしましょう。

「墓じまいの生前予約」の流れ

※『お墓のみとり』の例。事業者によって内容は異なります。

相談 → **契約**

・お墓の現地確認
・寺院などお墓の管理者との調整
・のちの遺骨の行き先を決める

お墓関連	手続き関連
	公正証書作成・支払い

契約者死亡

墓守サービス開始	死後事務委任契約の執行
納骨	← 監督業務
一周忌や七回忌など（任意）	← 監督業務
遺骨の取り出し・墓地解体	← 監督業務
永代供養墓や散骨へ	← 監督業務

契約満了

from 大橋理宏

「墓じまいパック」を選ぶときの注意

インターネットで検索すると、山のように該当業者がヒットする「墓じまい（改葬）パック」や、その代行業。最近は異業種大手の参入で、競争はさらに激化しています。

「全国どこでも安価に」をうたう大手の墓じまいサービスは、忙しい現代人にとって大変使い勝手のいいものですが、ひとつ気をつけたいことがあります。

それは、そういう全国型サービスほど、地方での業務を下請け業者に丸投げしているという点。

見積もりの見えないところにさまざまな手数料が乗って、本来の費用より割高になっているかもしれません。反対に、相場よりかなり割安な場合も注意が必要です。下請け業者が泣きを見ているか、あるいは工事の質に影響が出ているか、どちらかの可能性があります。

もし、安くすませたいがあちこちの石材店を調べる暇がない、どこを使ったらいいか迷っているという人は、インターネットで『日本石材産業協会』のサイトを訪れてみるといいかもしれません。

同協会は、墓石の売買や工事にまつわるトラブルを未然に防止し、業界全体の信頼度アップを図る公益法人。趣旨に賛同する全国の加盟石材店が登録され、石材店同士の横の連携を使った、改葬や墓じまいのネットワークが築かれています。地域の石材店を検索することも可能です。

もちろん、全国型の代行業者には大手なりのメリットがあります。手配や調べものの手間が節減でき、いろいろなことがおまかせですむのですから。ご自身に向くサービスを上手に探してください。

なお、どんな墓じまいパックを使うにせよ、今のお墓の状態を調べるための出張費が料金に含まれているか、よく確認してください。私は、出張費を請求し、適正に調査検分しようとする業者のほうが、堅実で誠意があると見ます。

整備が行き届いていない古い墓所は、クレーンが横づけできないなどの理由で作業賃が高騰しがちです。しかし、事前にそれを現地で確認せず、料金に「あとから上乗せ」する業者がいないとは言い切れません。

5
章

トラブル例と解決法
Q&A

お墓や家族の数だけある、トラブルやお悩み。
解決例をのぞいてみると
とるべき選択肢が見えてくるかもしれません。

押しつけられたお墓の面倒を見たくない

私たち夫婦は2人だけのお墓をもつつもりでいたのに、夫の弟たちから半ば押しつけられるような格好で、故郷の代々墓を継がされてしまいました。お墓の面倒を見たくありませんし、かといって、押しつけられたお墓を私たちの費用負担で墓じまいすることも釈然としません。この際、お墓を放置してしまおうかとも考えています。

A

いずれ無縁墓に。放置はおすすめできません。

年間管理料などを払わずにお墓を放置すると、いずれ無縁墓と見なされてしまいます。その前にも、法律にのっとって墓地に「連絡乞う」の看板が立てられたり、官報に告知が載せられたりするため、放置していることは遠からずきょうだいにも知れてしまうでしょう。

そうすれば、きょうだい間の溝は深ま

る一方です。

お墓の管理から手を引きたいこと、管理料を払うつもりがないことなどを一度腹を割って話し、そのうえで墓じまいを提案してみてはどうでしょうか。

長男ということで、たとえいやいやだったにしろ、一旦はお墓を継いだのですから、釈然としなくても相談者夫婦が費用をもつか。あるいは、全員がお墓を継ぎたくなかったことは事実なので、弟たちにもある程度の費用負担をもちかけるか。

どちらを選ぶかは相談者の腹ひとつですが、これ以上こじれることがないような方法をさぐることが得策です。

●話し合いを避けてもいいことはない

よく「墓じまいのことを親族に話さないとダメか？」と問う人がいるのですが、きょうだいや親族の承諾を得ずに進める改葬や墓じまいは、できるだけ避けるべきです。新たな、そして、より深刻なトラブルに発展することは目に見えています。

なお、管理料の支払いを滞らせるということは、墓地の管理者に負担させるということ。それはそれで筋ちがいだと思いませんか？　なんらかの方法で相談者に連絡がついたときには、滞納分をまとめて請求されることもあります。

ペットと一緒のお墓に入りたかったのに……

ペットと一緒に入れるという触れ込みで買った霊園だったが、私たち家族と同じ区画に入れるわけではなく、ペット専用の一画が園内にあるだけだった。お墓を解約・返金してほしい。

規約の確認不足を問われ、返金はほぼ無理。

愛するペットは家族同様と考える人が多くなり、ともにお墓に入りたいという希望をもつ人が近年は相当ふえているようです。この相談者のケースも、ニーズに応じて増加しているペット可の霊園を購入したと思われますが、結論からいうと、区画の解約はできても、返金はまず無理でしょう。

ペット可といううたい文句だけを信じ、霊園側にこまごまとした規約の確認を怠りませんでしたか？ もし、「たずねたのに霊園側がきちんと説明しなかった」ということなら、ペット専用区画のそばに（あきがあれば）墓所の区画変更を交渉する余地はあるかもしれません。

●ペット可の霊園でも2種類ある

現在、民営墓地であればペット可のところもふえていますが、それでもまだ少数派。所在も都市部に限られていることが多く、価格も高めです。ほとんどが以下の2タイプに分かれています。

①人と同じ区画にペットの埋葬がOK

②人と同じ区画は×だが、園内の専用区域ならペットの埋葬がOK

求める霊園がどちらのタイプなのかを事前に確認する必要があります。相談者は、前者と後者を混同したのかもしれません。また、①の場合でも、霊園全体がペットOKというケースはほぼ皆無です。区画の選定は慎重にしましょう。

ちなみに、たとえペット可であっても、先にペットだけを納骨することを禁じている霊園もあり、その場合は、飼い主が亡くなるまでペットの遺骨を手元に保管しておくことが必要です。

▲ペットと一緒の区画で眠れるお墓「With ペット」。本文①のタイプ。（写真提供：メモリアルアートの大野屋）

ひとり身の自分を、誰がお墓に入れてくれるの？

離婚して、今ひとり身です。亡くなった娘の遺骨が元夫の家墓に入っているので、引き取って、とりあえずは手元供養し、自分が死んだときには一緒に樹木葬の合葬墓に入れてほしいのですが……。どうしたら実現できるのか、不安が尽きません。

まずは元夫と協議を。お墓のことを含む死後事務は、生前契約を利用。

亡くなった娘の遺骨を取り出すには、そもそも改葬の手続きが必要になります。

まずは元夫と話し合いをし、了承を得ないとなりません。元夫がお墓の名義人（所有者）であるなら、なおのこと。お墓の所有者の承諾がなければ、改葬許可を申請できません。

万が一、協議が平行線をたどるようなら、分骨も考えてみてはどうでしょうか。分骨であれば改葬の手続きは必要なく、元夫も受け入れやすいかもしれません。承諾が得られたら、お寺などお墓の管理者に連絡し、「分骨証明書」を発行してもらうだけで実行できます。

●死後の一切を頼む契約を結ぶ

相談者がいつか入りたいと思っているお墓に関しては、生前購入できるものがたくさんあるので、それを利用して、しかるべきときに確保しましょう。

自分の葬儀や納骨などは、「死後事務委任契約」というものを生前に結ぶことで、手配や代行を第三者に頼むことができます。死亡時の遺体の引き取り、葬儀や火葬・埋葬のほか、死亡届などの役所手続き、電気・水道や銀行口座などの解約、自宅の片づけや家財の処分など、必要に応じてさまざまなことを委託できます。

契約は行政書士などの専門家と結んでもいいですし、おひとりさまの死後事務を請け負うNPO法人や市民団体を探して頼んでもいいでしょう。

「エンディングセンター」「りすシステム」「SSSネットワーク」など、いずれもおひとりさまの老後や終活を支えている団体で、会員用の永代供養墓を用意しているところもあります。

死後事務委任契約を結ぶ場合は、確実に依頼が実行されるよう、公正証書を作っておくことをおすすめします。

キリスト教徒の妻が「一緒のお墓はいや」

妻はキリスト教の信者。私の実家の先祖代々のお墓に入るには改宗が必要と知り、「別のお墓にひとりで入る」と、頑としてゆずりません。代々墓は子どもが継いでくれるというので承継問題こそないが、私は夫婦別々のお墓には反対です。墓じまいをすべきでしょうか？

A

「夫婦一緒」を優先するなら、宗教色のないお墓を建てるのがいちばん。

承継者がいるのなら、夫婦のお墓の問題と墓じまいは、切り離して考えてかまいません。大切なのは夫婦それぞれの気持ちでは？

夫婦でお墓に入ることを何より願うのであれば、代々墓は子にまかせ、夫婦2人の独立したお墓を建てるのがいいのではないでしょうか。承継者が必要ない、永代供養タイプ（一代限り）の夫婦墓を選べば、子に2つのお墓を継いでもらうような負担もかけずにすみます。

特定の宗教色のない公営や民営の墓地・霊園を選び、お墓のデザインも、特定のカラーが出ないものにするといいでしょう。または、相談者さえ差し支えなければ、妻に合わせてキリスト教の教義にのっとったデザインにするという手もあります。

ただし、公営墓地は、たとえ宗教不問であっても、墓石などに特定の宗教色を出すことを禁じているところもありますす。その点は気をつけましょう。

また、妻が必ずしも相談者と同じ気持ちとは限りません。「改宗がいや」なのではなく、実はキリスト教ゆかりの墓地で信者に囲まれて眠りたいから、言っているのかもしれません。妻の本心を確かめ、話し合いを尽くしましょう。

●神社や教会付属の信徒用墓地も

キリスト教であれ神道であれ、宗教のちがいにかかわらず、埋葬や改葬には法律に従った手続きや書類が必要です。

（死後のこととはいえ）改宗を避け、信仰を大切にしたいなら、寺院墓地は埋葬先の選択肢からはずしましょう。前述のように、公営や民営の墓地なら宗教不問のところも多いですし、数は少ないものの、神社や教会が信徒のために造っている墓地・霊園もあります。

指定石材店の見積もりが不当に高すぎる!?

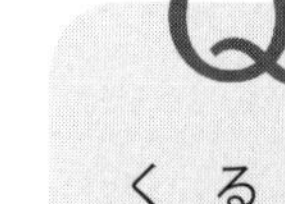

改葬をするにあたり、お寺の指定石材店で解体・撤去作業の見積もりをとったら、55万円かかると言われた。お墓は約3㎡。相場は1㎡あたり10万円程度と聞いていたのに、これはぼったくりではないのか?

なぜその金額かを確認し、納得できなければ別の石材店で相見積もりを。

ぼったくりと決めつけるのは、やや早計です。確かにお墓の解体工事は1㎡あたり8万〜15万円が相場ですが、立地や石材の量によってかなり価格が上がることがあります。

解体工事費用の内訳は、主に作業費、運搬費、墓石の処分費です。たとえば、墓所が山あいにあったり、お墓同士が密集していたりしてクレーン車を横づけできない状況では、解体と運搬を人力に頼らなければならず、コストが倍以上になることも。ほかにも、石塔が複数建っている、軟弱地盤のため基礎が強固といった事情でも、費用は高くなります。

まずは、石材店に「なぜ、その額なのか」という根拠を確認することです。それでも納得できないときは、お寺と交渉し、ほかの業者で相見積もりをとって比較しましょう。

●指定業者制にも理由がある

ただし、ほかの業者の参入をお寺がいやがる可能性もあります。お寺が指定業者を決めているのは、知らない石材店に工事をしてほしくない事情があるからです。手荒な作業でまわりのお墓を傷つけたり、完全なさら地に戻さない、ずさんな工事をしたりする業者もあるのです。

言い換えれば、それゆえに工事費が指定業者の言い値になっている可能性もあり、判断は難しいところです。

もし、地元の人に聞くなどして信頼できそうな石材店を探せたら、墓地の正確な場所を伝えたうえで見積もりをとってみましょう。それがやはり相場並みに安ければ、その石材店からお寺に施工実績を提出してもらったりすると、お寺も首を縦に振るかもしれません。

お墓のエンディングノート®

お墓の正確な所在地や法事のときのお布施の額など、あなたは言うことができますか？　お墓参りはしていても、お墓のこと全般となると、意外と把握していないものです。なぜなら、お寺との行事のおつきあいは夫、お布施のことは妻など、窓口が別々であることが多いためです。

お墓にまつわるあれこれを書き記しておくだけで、次にお墓に関わる人にとても有益な情報となります。お墓の承継はもちろん、現状把握や自分の意思確認に、このエンディングノートを役立ててください。

記入者　　　　　　　　　　記入日

お墓の覚え書き

墓地・霊園名

区画番号

所在地

電話番号

お墓を建てた人
（施主）の名前

家紋

お墓に埋蔵されている故人の名前と死亡年月日

（※直近の3名程度。もし全員分がわかるようなら、別紙に記して貼付しましょう）

氏名　　年　　月　　日没

氏名　　年　　月　　日没

氏名　　年　　月　　日没

お寺や墓地・霊園とのおつきあいの記録

年間管理料
円

回忌など法事費用
円

管理料以外の付け届けなど

例）年始の挨拶　菓子折り　3,000円
春のお彼岸の卒塔婆代　6,000円

明　細	金　額	年月日
／	円	年　月　日
／	円	年　月　日
／	円	年　月　日
／	円	年　月　日
／	円	年　月　日
／	円	年　月　日
／	円	年　月　日
／	円	年　月　日
／	円	年　月　日
／	円	年　月　日

直近のお葬式に関する記録

葬儀社名

葬儀費用総額　円（参列者　名）

寺院名

寺院などに納めたお布施の額　円

うち戒名・法名料（ある場合）　円程度

あなたの葬儀に関すること

生前契約している葬儀社　□ある　□ない

葬儀社名

電話番号　担当者名

生前契約している葬儀の費用について

□葬儀保険　□互助会　□共済
□その他（　）

生前契約の
書類の保管場所

お墓に関するあなたの希望

お墓を誰に承継しますか？

□配偶者　名前　続柄

□子・孫　名前　続柄

□きょうだい　名前　続柄

□おい・めい　名前　続柄

□その他　名前　関係

承継者には……

□本人了承済み　□本人に話していない

承継者の連絡先

承継しない場合の墓じまいについて（複数回答あり）

□寺院など墓地管理者に相談済み　□墓地管理者に相談していない

□家族や親戚に相談済み　名前　続柄

□行政書士などに相談済み　名前

□その他　名前　関係

相談者の連絡先

石材店などに関する情報

あなたが認知症になった、もしくは死亡した場合、お墓の管理を頼んでいる石材店・後見人はいますか？

□いる　□いない

石材店名や後見人名

所在地

電話番号　担当者名

遺言・死後事務委任契約などに関する情報

遺言、もしくは死後事務委任契約で、葬儀やお墓に関する決め事がありますか？

□遺言書を作成した

□死後事務委任契約を結んでいる

□いずれアクションを起こそうと思っている

□特になし

遺言書や死後事務委任契約がある場合、執行者は誰ですか？

名前　電話番号

※『お墓のエンディングノート®』は登録商標です。『お墓のみとり®』の加盟各店で正規版を入手可能です。

改葬手続きに必要な書類の見本

改葬許可申請書

年　月　日

申請者　住所

氏名　㊞

連絡先（　）

墓地（納骨堂）所有者との関係

本人・本人以外（続柄：　）

※上記が本人以外の場合は下記承諾書欄に記入・押印が必要

下記のとおり改葬したいので，墓地・埋葬等に関する法律第５条第１項の規定により申請します。

記

1　改葬場所

（1）現墓地(納骨堂)

①所在地　：　市　町　番地

②名　称　：

（2）新墓地(納骨堂)

①所在地　：　市　町　番地

②名　称　：

（見本）

2　改葬理由

3　死亡者の状況

①本　籍　：　市　町　番地

②住　所　：　市　町　番地

③氏　名　：　（男・女）　続柄（　）

④死亡年月日　：　年　月　日

上記のとおり埋(収)蔵していることを証明します。

現管理者　住所　：

氏名　：　㊞

承諾書　（※申請者が墓地（納骨堂）使用者以外である場合のみ記入してください）

上記の申請者が改葬許可申請を行うことを承諾します。

墓地（納骨堂）所有者　住所　：

氏名　：　㊞

埋蔵（収蔵）証明書

1　申請者

（1）住　所　：＿＿＿＿＿＿＿＿＿＿

（2）氏　名　：＿＿＿＿＿＿＿＿＿＿

（3）死亡者との続柄　（　　　　　）

2　死亡者

（1）本　籍　：＿＿＿＿＿＿＿＿＿＿

（2）住　所　：＿＿＿＿＿＿＿＿＿＿

（3）氏　名　：＿＿＿＿＿＿＿＿＿＿

（4）死亡年月日　：＿＿＿＿年＿＿月＿＿日

（5）埋蔵（収蔵）年月日　：＿＿＿＿年＿＿月＿＿日

上記のとおり、遺骨の埋蔵（収蔵）の事実を証明します。

年　　月　　日

墓地・霊園名　：

所　在　地　：

代　表　者　：　　　　　　　　㊞

※書類はいずれも一例です。改葬許可を申請する書類がどのようなものか、概要を示しています。

※「改葬許可申請書」は自治体により書式・内容が異なるため、コピーなどして使用することはできません。

※「埋蔵（収蔵）証明書」も墓地・霊園によって書式や内容は異なります。また、このような単独の証明書が必要ない自治体もあります。

※「お墓」→「墓」としています。

さくいん

あ

か

さ

監修者

大橋理宏（おおはし まさひろ）

お墓コンサルタント。国家検定石材加工1級・石材施工1級技能士。株式会社大橋石材店代表取締役。お墓のみとり®代表。家業である大橋石材店にサラリーマンを経験後に入社。現場施工の職人として活動後、2008年に代表取締役就任。墓石に関することを含む、終活についての消費者向けセミナーなどを主催。また、業界内での素早い取り組みなどから同業者や連携する事業者向けのセミナー、プロジェクトを多数企画、実践する。2018年に墓じまいの生前予約として「お墓のみとり®」グループを立ち上げ、お墓の今後に迷う生活者に向けた活動などもしている。

ホームページ　大橋石材店　https://www.ohashi-sekizai.jp
お墓のみとり®　https://www.ohakanomitori.com

写真協力
アンカレッジ☎0120-37-7676
いせや☎0120-711-751
大橋石材店☎0120-918-532
サライ☎03-6666-7021
知勝院☎0191-29-3066
メモリアルアートの大野屋☎0120-02-8888

イラスト／熊本奈津子
装丁／吉田 亘
本文デザイン／落合光恵
取材・構成・執筆／鈴木キャシー裕子
編集／高橋容子
編集デスク／深堀なおこ（主婦の友社）

令和版(れいわばん) 墓(はか)じまい・改葬(かいそう)ハンドブック

令和3年3月31日　第1刷発行

編　者　主婦の友社
発行者　平野健一
発行所　株式会社主婦の友社
〒141-0021
東京都品川区上大崎3-1-1 目黒セントラルスクエア
電話 03-5280-7537（編集）
03-5280-7551（販売）
印刷所　大日本印刷株式会社

ISBN978-4-07-445914-8